ITALIAN TEXTS

The Italian Resistance

MANCHESTER
UNIVERSITY PRESS

ITALIAN TEXTS

general editor Professor David Robey, Department of Italian Studies,
University of Manchester

founding editor Kathleen Speight

The Italian Texts series aims to make accessible to university and sixth-form students a wide range of modern writing, both literary and non-literary. The emphasis is on twentieth-century texts in a variety of registers and voices, with a special interest in the relationship to Italian society and politics. In line with contemporary conceptions of Italian studies, the texts are chosen not only as an introduction to creative writing, but also as an introduction to the study of modern Italy. All texts are accompanied by a critical introduction in English, which sets the material in its social and cultural contexts, and by notes that elucidate the more complex linguistic constructions, as well as by an extensive vocabulary.

currently available

The Italian Resistance: an anthology
ed. Philip Cooke

Understanding the mafia
ed. Joseph Farrell ·

Pirandello *Three Plays: Enrico IV, Sei personaggi in cerca d'autore* and *La giara*
ed. Felicity Firth

Fo *Morte accidentale di un anarchico*
ed. Jennifer Lorch

Italian journalism: a critical anthology
ed. Robert Lumley

Pirandello *Novelle per un anno: an anthology*
ed. C. A. MacCormick

Novelle del novecento: an anthology
ed. Brian Maloney

Silone *Fontamara*
ed. Judy Rawson

Pavese *La luna e i falò*
ed. Doug Thompson

Italian women writing
ed. Sharon Wood

The Italian Resistance
An anthology

edited with introduction, notes and vocabulary by
Philip Cooke

Manchester University Press
Manchester and New York

distributed exclusively in the USA by St. Martin's Press

Published by Manchester University Press
Oxford Road, Manchester M13 9NR, UK
and Room 400, 175 Fifth Avenue, New York, NY 10010, USA

Distributed exclusively in the USA by
St. Martin's Press, Inc., 175 Fifth Avenue, New York, NY 10010, USA

Distributed exclusively in Canada by
UBC Press, University of British Columbia, 6344 Memorial Road,
Vancouver, BC, Canada V6T 1Z2

British Library Cataloguing-in-Publication Data
A catalogue record for this book is available from the British Library

Library of Congress Cataloging-in-Publication Data
The Italian Resistance : an anthology / edited with an introduction
    and notes by Philip Cooke
            p.   c.m. — (Italian texts)
        Includes bibliographical references.
        ISBN 0-7190-5172-X (cloth) — ISBN 0-7190-4998-9 (pbk.)
        1. World War, 1939-45—Underground movements—Italy.
    2. Anti-fascist movements—Italy. I. Cooke, Philip E., 1965–.
    II. Series.
    D802.I8185   1997
    940.53'45—dc21   97-14285

ISBN 0 7190 5172 X *hardback*
        0 7190 4998 9 *paperback*

First published 1997

01 00 99 98 97   10 9 8 7 6 5 4 3 2 1

Typeset in Times
by Koinonia, Manchester
Printed in Great Britain
by Bell & Bain Ltd, Glasgow

Contents

PART 5 Violence

PART 6 The Resistance and the Allies

PART 7 25 April 1945 and the Liberation

Acknowledgements

I would like to thank the Carnegie Trust for the Universities of Scotland, David Robey and the staff at MUP, and the many friends and colleagues in Scotland and Italy who helped me complete this project. Above all, I would like to thank Jon Usher for his continued friendship and support.

I would like to thank the following for permission to publish material: Bollati Boringhieri; Einaudi; Franco Angeli; INSMLI; Mazzotta; Il Mulino; Palomor S.r.L.; Rizzoli; Unicopli; Vangelista. Every effort has been made to obtain permission to reproduce copyright material. If any proper acknowledgement has not been made, copyright-holders are invited to inform the publisher of the oversight.

For my parents

Introduction

To mark the 50th anniversary of the Liberation of Italy in April 1995, the Italian news magazine *L'Espresso* offered its readers an extensive dossier of articles about the Resistance movement. The movement itself lasted barely twenty months, from September 1943 to April 1945, but the front cover of *L'Espresso* suggested a rather different interpretation of its duration. Underneath a well-known photograph of women partisans brandishing automatic weapons, *L'Espresso* announced the contents of the issue in the following manner: 'Resistenza: 1945–1995'. The fighting might have stopped in April 1945 (though this in itself is a subject of some debate), but the Resistance, *L'Espresso* implied, has carried on to the present. Perhaps unintentionally, *L'Espresso* managed to articulate what explains the importance of the Resistance as well as its enduring interest - that is, its *long term* impact on Italian politics, culture and society. In short, if we really want to understand modern Italy in all its complexity, we have to understand the Resistance.

It is hoped that this anthology will go some way towards promoting such an understanding. The extracts it contains come from a wide variety of different sources whose publication dates span almost the entire period 1943–1995. Thus, Alfonso Gatto's poem about a Nazi atrocity in Milan, 'Per i martiri di Piazzale Loreto', circulated clandestinely in 1944, while Pietro Scoppola's analysis of the significance of 25 April, the official date of the Liberation of Italy, was published by Einaudi in 1995. The anthology is organised thematically in order to allow for texts belonging to a number of different genres to appear side by side. The reason for this arrangement is that, generally speaking, Resistance anthologies are either 'literary' or 'non-literary'. Such a distinction occurs because the anthologies in question predate the advances made in literary and historical studies in recent years. The boundaries between the two disciplines have since been eroded. Students of literature are now encouraged to have a detailed knowledge of the historical context which produced the texts that they are investigating. Similarly, students of history are being asked to look at literary texts to see what they can tell them about the history of the period. Professional historians of the calibre of Lauro Martines and Peter Burke have adopted new approaches to the study of the interface between literature and history. And it is on the border between these two disciplines that this anthology lies.

1

The Resistance movement: 1943–1945

After the First World War Italy went through a period of massive political and social unrest. The period 1919–1920, known as the 'biennio rosso', seemed to be the prelude of a socialist revolution. Instead, the leader of the relatively new Fascist Party, Benito Mussolini, came to power in October 1922. Mussolini quickly set about crushing his many enemies and detractors. By changing the electoral law in 1923 he managed to ensure that his party won a massive 374 seats in the 1924 election, with the Catholic Partito Popolare coming in second with 39 seats. A decree curbing press freedoms was subsequently passed in 1924, and all opposition parties and non-fascist trade unions were banned in 1926.

Mussolini did not, however, always get his own way in the early years of his regime. In 1925, the socialist deputy Giacomo Matteotti was murdered by some of Mussolini's henchmen. This notorious incident provoked such an outcry that Mussolini was nearly deposed. But he rode the storm and then proceeded to further strengthen his position. In 1926 the system of forced internal exile of dissenters ('confino') was introduced. Notable figures who were placed in 'confino' included Cesare Pavese (some of whose writing appears in this anthology) and Carlo Levi, who told of his experiences of exile in *Cristo si è fermato ad Eboli*. Other dissenting voices, such as the writer Ignazio Silone and the socialist Gaetano Salvemini, fled to more friendly countries. Antonio Gramsci, one of the founders of the Italian Communist Party, died in 1937 after years of imprisonment. Palmiro Togliatti, the party's leader, had sought refuge in Russia where he rapidly rose to high rank. Italian anti-fascists found the only real outlet for their activities in the Spanish Civil War of 1936–1939. For those who came out alive, the experience of Spain proved an excellent preparation for the later conflict of 1943–1945. By the mid-1930s, therefore, any opposition to Mussolini's regime was either underground, in exile, or in prison.

There has been a long and agonised debate amongst Italian historians about the extent to which the vast majority of the Italian people actually supported Mussolini and his policies. But the important point is that, whether they liked him or not, there was no chance of him being overthrown by internal forces or pressures. What was needed was something to come from outside the country. Such an external force was the Second World War, which Italy joined on 10 June 1940, fighting, in accordance with the Axis agreement, alongside Nazi Germany. As Giaime Pintor wrote in his justly famous last letter (see passage 2.2), it was the war which showed the Italian people the real dangers of Fascism:

In realtà la guerra, ultima fase del fascismo trionfante, ha agito su di noi più

2

profondamente di quanto risulti a prima vista. La guerra ha distolto materialmente gli uomini dalle loro abitudini, li ha costretti a prendere atto con le mani e con gli occhi dei pericoli che minacciano i presupposti di ogni vita individuale, li ha persuasi che non c'è possibilità di salvezza nella neutralità e nell'isolamento.

As news of disastrous defeats abroad reached the ears of Italians at home so Mussolini's popularity waned. The first major strike under the fascist regime broke out at a Fiat plant in Turin, and then spread to Milan and other cities in March 1943. The Allies landed in Sicily in July of that year. Nonetheless, Mussolini was taken by surprise when on 25 July 1943, after a vote of no confidence by the Fascist Grand Council, he was asked to resign by the King, was arrested and imprisoned on the Gran Sasso mountain.

In the period (the so-called forty-five days) between Mussolini's removal from office and the declaration of the armistice on 8 September 1943, the new government, under Marshal Badoglio, and the Allies entered into complex negotiations. Aware that the Axis agreement between Italy and Germany was about to collapse, the German high command sent a large number of troops into the peninsula. Thus, when the armistice was made public, the Italian army was powerless. The entire military system collapsed, the officer classes failed totally and the resulting chaos led to the deportation of thousands of rank-and-file soldiers to Germany. Many of these unfortunate men never returned to their homeland. Those lucky enough to escape the first wave of mass arrests attempted to return home on foot or by train.

8 September 1943 remains a date of almost totemic significance to Italians, and there are countless descriptions of this dark day in the country's history. Of these, three have been chosen for Part 1 of this anthology.

Shortly after the events of 8 September, Mussolini was freed from his prison following an SS raid (12 September). He was flown to Germany to have brief discussions with Hitler, and then sent back to Italy where he set up his own separate Republican government with its headquarters at Salò on Lake Garda. Thus, whilst the Allies pushed upwards from the South of Italy, the fascists (in collaboration with the Germans) held central and northern Italy. Effectively, the country was divided into two, a fact that was to have a great influence, not only on the military campaign of 1943–1945, but on the entire development of post-war Italy. Since there was little partisan activity in the South, many Southern Italians were to feel left out of the new Republic which was 'created' by the Resistance.

It was during the last three months of 1943 that the foundations of the Resistance were laid. On 9 September six anti-fascist parties formed the Comitato di Liberazione Nazionale (CLN). With the assistance of the

CLN, the first partisan bands, the so-called 'ribelli', were formed. In these early stages they were mostly made up of one-time soldiers and young men avoiding the fascist draft. Gradually they formed into more coherent units as long-term anti-fascists, particularly from the Communist Party, seized the opportunity to consolidate the foundations of the armed Resistance. Many of the first partisans did not survive the early period. Undoubtedly, tactical mistakes were made, but there is no denying the courage and commitment they showed.

There were, as we have seen, two types of Resisters – those who had harboured anti-fascist feelings over a long period of time, and those (like Pintor) whose opposition to Fascism only really developed during the war. Guido Quazza, in his analysis of 'La scelta partigiana' (see passage 2.1) provides very useful and illuminating terms for the different types of 'antifascismo' espoused by these two groups of partisans, namely 'antifascismo politico' for the long-term enemies of Fascism, and 'antifascismo esistenziale' for those whose opposition matured during the period 1943–1945. Significantly, Quazza estimates that some 10–15 per cent of partisans came from the first category, the rest from the second. These figures need to be borne in mind when we consider the thorny and frequently controversial question of the political leanings of the partisans. Although the bands themselves nominally had some political allegiance, many of the men and women who fought had little, if any, knowledge of political theory. They were much more interested in defeating the enemy than in gaining an understanding of, say, communism or socialism. Johnny, the hero of Beppe Fenoglio's work *Il partigiano Johnny*, starts his partisan career when he accidentally comes across a communist band, only to transfer later to a monarchist formation. However, he refuses to take on board the politics of either and remains aloof from what he considers to be the ideological abstractions of his leaders. The idea, which was particularly popular during the student movement in the late 1960s, that the Resistance was a revolution betrayed, is clearly wide of the mark. For a revolution, you need revolutionaries. And revolutionaries the vast majority of the partisans were not.

Even though Quazza himself regards his analysis as merely a point of departure, it is important to understand his typology and terminology as they provide us with a very powerful interpretative tool. For those readers who find Quazza's Italian style difficult, it is worthwhile persevering. The two passages which follow the Quazza extract are intended to offer 'hands-on' opportunities to see whether his theories actually work. The first passage is Pintor's last letter which has already been mentioned. The second, in which two partisan leaders, Kim and Ferriera, discuss a particular group of Resistance fighters, is from Italo Calvino's Resistance novel

Il sentiero dei nidi di ragno. The last passage in this section deals with the 'Resistance choice' made by women, who are not mentioned at all in Quazza's analysis.

The Resistance movement's development from September 1943 to April 1945 is complex, its intricacies being compounded by the essentially regional nature of the struggle. It is convenient to separate the course of events into four distinct periods. The first period covers the autumn of 1943 and the winter of 1943–1944 (establishment of the first formations), the second the spring and summer of 1944 (the high point of partisan success), the third the winter of 1944 (the low point), and the fourth the spring 1945 up to the declaration of the Liberation of Italy in April. A brief chronology of the main events of these periods follows this introduction.

Together with the four separate periods outlined above, it is useful, and in line with current thinking, to divide the Resistance in Italy into three separate, but frequently linked, conflicts: a war of liberation, a civil war and a class war. This tripartite division has been most powerfully and eloquently theorised by Claudio Pavone, whose massive 1991 study has done most to revitalise contemporary thinking about the Resistance. Part 3 of this anthology is a discussion of the three wars by Pavone himself. It is from a self-contained conference paper which gives a clear and succinct summary of the basic ideas. It is no substitute for the 600 pages of text and 200 pages of notes which comprise *Una guerra civile* (see passages 1.2 and 5.1), but it is a start.

Four periods, then, and three wars. But what did the partisans get up to, once they had decided to fight? What kinds of action did they get involved in, and how successful were they? Some of the answers to these questions are provided in 'Partisans in action', Part 4 of this anthology. It is, however, important to stress that for a lot of the time the partisans weren't actually doing any fighting. Instead, they were engaged in what were frequently rather mundane activities, such as looking for food, or weapons. As the passage from Meneghello's *I piccoli maestri* shows (see passage 1.4), many weapons were lost following 8 September. In the early period weapons were scarce and not all partisans had a reliable means of attacking, or defending themselves from, the enemy. A lot of time would have been spent just talking, frequently to people who came from different regions of Italy as well as from different countries. Arguably, the Resistance may have contributed to the post-war linguistic shift away from dialect to a national standard.

The fifth, and longest, section of the anthology contains extracts which focus on what is now considered to be one of the key issues of the Resistance: violence. Pavone's book, which has done so much to shape contemporary debate as well as this particular anthology, contains a long

5

and detailed investigation into this subject which addresses the moral and ethical implications of the acts of violence perpetrated on all sides during the conflict. In addition, Pavone tackles the side of the violence issue which has provoked most controversy in recent years: the summary justice meted out to fascists *after* the Liberation. Predictably, estimates vary as to the numbers involved. What is certain, however, is that the majority of such killings occurred during the immediate aftermath of the insurrection. As Pavone has rightly commented, civil wars do not end overnight. Some killings, however, continued up until 1948. There is even one case of an ex-partisan who had emigrated to Argentina and who returned to Italy in the 1990s with the intention of killing an ex-fascist. If ever there was an example of the enduring impact of the Resistance this is it. The passages chosen for this section all deal with violence during the twenty-month period. An attempt has been made to include as many different types of, accounts of, and attitudes to violence as possible.

Part 6 of the anthology deals with an issue which should be of particular interest to English-speaking students, that is the vexed question of the relationship between the Resistance movement and the Allies. In the forty-five days between Badoglio's assumption of power and the declaration of the armistice, there were long negotiations about the precise terms of the agreement, with the Allies insisting on 'unconditional surrender', a stipulation which the Italian negotiators had a great deal of trouble accepting. The Allies, and particularly senior politicians, were wary of the CLN and anti-fascists in general. Churchill referred to Benedetto Croce, the most influential thinker and philosopher in Italy at the time and a leading anti-fascist, as a 'dwarf professor'. The Resistance movement, certainly in its initial stages, was viewed with distrust. The British and the Americans were afraid that there might be a Marxist-led revolution in Italy after the war. Their strategy, therefore, was to shore up the monarchy while giving grudging and selective support to the partisans. Effectively, this meant that in regions like Piedmont partisans who supported the monarchy received regular *lanci*, or supplies dropped by plane, while communist or socialist partisans received the bare minimum.

Certainly, as the campaign progressed northwards, so relations between Allied troops and partisans improved. This change is admirably analysed in Rossellini's *Paisà* (1946), one of the most significant Resistance films. The film starts in Sicily where the landing forces view the Italians with contempt, and ends in the North of Italy with a Special Forces officer fighting alongside, and eventually laying down his life for, a band of partisans. The first passage in Part 6, written by Ferruccio Parri, describes a similar progression. In the final episode of *Paisà* there is a reference to General Alexander's notorious and much discussed message to the partisans to go home for the winter. The reasons behind Alexander's message probably had a sound tactical basis – with the winter setting in, it would be impossible to defeat the Germans before the following spring. The partisans who were left to their own devices and the mercy of the Germans did not see it that way. The reactions of the partisans in the first passage from Renata Viganò's novel *L'Agnese va a morire* are typical (see passage 6.4). Some (like the communist Pietro Secchia, see passage 6.2) even interpreted Alexander's message as a conscious attempt to liquidate the Resistance now that the Allied victory was inevitable. This interpretation, as Gian Enrico Rusconi argues in his excellent recent analysis (see passage 6.3), is a little wide of the mark. Nonetheless, such unfortunate blunders left many partisans with a negative picture of the Allies, and in particular the British. Such feelings invest the second passage from *L'Agnese va a morire* (passage 6.5) in which the British forces carelessly direct 'friendly fire' towards the partisans. In Fenoglio's *Il partigiano Johnny* the protagonist is obsessed with English people and the English way of life, and sees the war as a means of eventually meeting the kind of people whose manners and sophistication would supplant the grotesqueries of Fascism. As passage 6.6, written in Fenoglio's highly individual English shows, he was to be disappointed by the vulgar people whom he came across.

The last part of the anthology looks at the events and the significance of 25 April 1945. The first, and longest extract, is Ada Gobetti's description of the liberation of Turin. The second extract is from Romolo Gobbi's provocative text, *Il mito della Resistenza*. In this short work Gobbi seeks to dismantle the 'mythology' of the Resistance in a manner which is not, it has to be said, overly persuasive. Nevertheless, the passage is included in order to show a view of the movement which is not just confined to Gobbi, but which is shared by a lot of Italians. The final passage is from Pietro Scoppola's slim, but excellent, book *25 Aprile. Liberazione* (see passage 7.3). Scoppola's book is a measured and sensible investigation of the significance, for the Italian people, of the 25 April, and of the Resistance in general.

The Resistance and Italian culture: 1943–1995

The Resistance has had a major influence on almost every aspect of Italian culture. It has created an imposing legacy of literary and non-literary writings, films, songs, art, and monuments. In this part of the Introduction a selection of some of the more significant manifestations of this culture will be examined. Given the sheer volume of material which could be included, the account which follows will inevitably be somewhat restricted.

I attempt to give a general overview of the whole period 1943–1995, occasionally analysing in more detail certain works which are particularly successful and/or representative. Because the fortunes of Resistance culture are intimately bound up with the history of the Republic, this section is divided into a number of distinct periods which correspond to key phases in modern Italian history.

1943–1945

Although the vast majority of the works that we are interested in were produced once the conflict had ended, there was also a significant amount which appeared during the twenty months of the struggle. There was no Italian equivalent of *Le silence de la mer*, Vercors's novel which circulated clandestinely amongst the French *maquis*. But poems like Alfonso Gatto's 'Per i martiri di Piazzale Loreto' (see above) were distributed in secret. However, by far the most widespread form of print culture during the Resistance is represented by the partisan press. It is difficult to arrive at an accurate total of the number of partisan newspapers which were printed, but estimates run to thousands. Initially, some of these papers were crudely produced using duplicating machines. As the conflict progressed some would become quite complex and be printed on proper presses.

If we look at the development of *Il Pioniere*, we get a fairly good idea of what these papers were like, as well as how they were received. The paper circulated in a small area near Turin; its first edition is dated 30 June 1944 and had a print run of eight hundred. It is six pages long and contains a variety of articles. The lead article is a denunciation of the bourgeoisie, 'comodamente alloggiati e ben vestiti che fra le bande han messo raramente piede, ma hanno invece sempre cercato di intrigarvi'. Page 2 is more 'newsy', reporting the strikes in Turin and Genoa and a ceremony to commemorate the dead at the Fosse Ardeatine in Rome. At the foot of the page there is an appeal for articles to be sent in, as well as a request for feedback from the partisans. Page 3 contains a 'notiziario della Resistenza' which details local partisan activity. An obituary appears on page 4, together with a report about the French Resistance and a 'cronaca' section which describes the head-shaving of three women who had had relationships with the enemy. Page 5 contains some interesting details about partisan organisation, while page 6 is entirely devoted to a satirical article about the fascists who, the author claims, 'non si allontanano più dai loro posti di blocco, tranne qualcuno che non fa più ritorno. E, parlando di posti di blocco, sapete che, dopo essere stati scocciati da qualche maleducato nottambulo, fan la guardia sugli alberi come gli uccelli'.

The second issue of *Il Pioniere*, which came out a week later, follows roughly the same pattern as the first, with a few slight additions ('risposte ai lettori', 'il nostro titolo', and 'come procurarsi la stampa clandestina'). The 'risposte ai lettori' subsequently becomes a regular column dealing with such topics as the influential Russian anarchist Bakunin and the meaning of the expression 'minister without portfolio'. *Il Pioniere* continued to be published on a weekly basis until No. 19, which was printed professionally. It then came out on an irregular basis, the last clandestine copy being published on 27 April 1945.

Along with the partisan press, another cultural form which was popular at the time was the Resistance song. The overwhelming majority of partisan songs were composed during the war. Many of these songs employ traditional tunes and are often reworkings of old lyrics. Probably the most famous Resistance song is 'Fischia il vento', composed by the partisan leader Felice Cascione. The tune employed is the Russian 'Katyusha', probably first heard by Italian soldiers as they withdrew from Russia in the winter of 1942. The song starts with a stirring image of a howling storm, which the partisan has to brave, despite his 'broken shoes':

> Fischia il vento infuria la bufera
> scarpe rotte eppur bisogna andar
> a conquistare la rossa primavera
> Dove sorge il sol dell'avvenir

The next two verses describe the dominance of the partisans over the surrounding area, the admiration of the local women, the fact that deaths will be avenged and so on. The last verse describes the storm abating, with the victorious partisan 'sventolando la rossa sua bandiera'. There are slightly different versions of 'Fischia il vento' which contain minor variations in the lyrics to the song. Most of these are not particularly significant. For example, 'infuria' becomes 'urla'. A couple of the variants are, however, politically motivated. The 'rossa primavera' becomes an anodyne 'bella primavera', and the partisan's red flag changes to a patriotic 'italica bandiera'. These changes illustrate that, although the primary function of the partisan song was to create a feeling of community, an early version of what is now called a 'team-building exercise', there was a political element behind them as well.

1945–1948

Once the war was over, everyone had a story to tell, and was free to tell it. As Calvino recalls in the preface to *Il sentiero dei nidi di ragno*:

La rinata libertà di parlare fu per la gente al principio smania di raccontare: nei treni che riprendevano a funzionare ... ogni passeggero raccontava agli sconosciuti le vicissitudini che gli erano occorse, e così ogni avventore ai tavoli delle «mense del popolo», ogni donna nelle code ai negozi; il grigiore delle vite quotidiane sembrava cosa d'altre epoche; ci muovevamo in un multicolore universo di storie.[1]

The fact that the experience of the Resistance was common to everyone meant, as Calvino goes on to say, that a strong link between writer and public was already established. With such a large store-house of narrative material available, as well as a receptive market, there was bound to be an explosion of activity. The years 1945–1948 mark, in terms of volume produced, the high point of Resistance writing. During these years a wide variety of different types of writing was published.

One of the most widespread genres was the memoir, which was published by small publishing houses all over Italy. The memoirs follow a fairly standard format, usually describing, in the first person, the protagonist's experiences of 8 September followed by an account of his (and sometimes her) experiences of the partisan war. A common criticism of these memoirs is their tendency to glorify the Resistance at the expense of the objective 'truth'. This criticism gains added weight when we look at the authors' prefaces to the memoirs, which usually contain some kind of truth claim. The works which we are about to read, we are told, are 'authentic', they are not 'fictional', they do not contain the workings of the imagination, but are based purely on memory. Yet, such claims do not take into account the fact that the workings of memory are immensely complex. The memory selects, rejects, and reworks experience. This is then followed by the process of writing which itself selects, rejects, and reworks. An example of these complex processes at work is in the passage from Pietro Chiodi's memoir in the 'Violence' section of this anthology (passage 5.4). In his preface to the memoir Chiodi suggests that his work is not a 'romanzo' or a 'storia romanzata' but a 'documento storico'. Yet if we look closely at the description of the fate of the captured prisoner we find plenty of evidence to question his claim. The iconography of this description (the head tilted to one side, the outline of the ribs, the mocking of the soldiers, the twitching body) is clearly derived from images of the crucifixion. Chiodi's memory is not, then, as unmediated a means of access to the past as he might think. Chiodi resorts, perhaps unconsciously, to an image of violence which is part of a shared cultural tradition. This kind of intertextuality can also be found in some of the more literary passages in this anthology (see Calvino's short story in passage 5.5, the extract from Vittorini in passage 5.3 and the short story by Viganò in passage 4.4).

Given the evident problems of the memoirs, we might think that they cannot be properly used as sources for an enquiry into the Resistance. Such a conclusion would be mistaken. The advantage of the memoirs is that they show us what people *felt* about the Resistance. If a memoir is full of glorious descriptions of partisan activity, it shows us how the Resistance was interpreted by the memoir writer. Such feelings should not be discounted or dismissed as rhetorical excess, but merit serious study. If we approach memoirs in this way, we may also be able to consider overtly literary approaches, to which we shall now turn in more detail, as historical sources as well.

The short story was probably the most popular, enduring and accessible genre. *L'Unità* regularly published Resistance stories, and a number of competitions were organised which eventually produced collections by new writers. Calvino himself began to turn out short stories on an almost daily basis. He would take them to Cesare Pavese and Natalia Ginzburg, who were re-establishing the Einaudi publishing house in Turin. Indeed, so regular were Calvino's visits that, in order to get some respite, Pavese and Ginzburg sent him off to write the novel which became *Il sentiero dei nidi di ragno*.

However, the encouragement given to Calvino to write a Resistance novel can only be partly explained by Ginzburg and Pavese's desire for some rest from the zealous young author. It was clear that a good Resistance novel was needed. Elio Vittorini's *Uomini e no*, a clear attempt to write *the* Resistance novel, was first published in 1945. *Uomini e no* is a text which all Italian writers of the Resistance, and particularly those attempting to portray the role of the intellectual in the struggle, turned to as a starting point for their own works. The novel is given a clearly marked historical and geographical context and many of the events described in the book actually occurred. Vittorini uses a fictional construct as his protagonist, the intellectual Enne 2, with whom he at times appears to identify, above all in the chapters written in italics. Vittorini avoids the first-person approach of the memoir writers, and uses a third-person narrative. It is clear that Vittorini put a great deal of thought into the way he intended to tell this particular Resistance story. *Uomini e no* is, however, widely regarded as a failure. The problem with the work, so it is argued, lies in its scope. Vittorini's designs were motivated by his ideas about the possible realities that a work of fiction should represent. He argued that the depiction of the times was only the writer's first task. Far more important was the portrayal of moral and universal realities. He believed he was writing the great book on the Resistance, but, as Giuseppe Manacorda has commented, he only succeeded in discovering 'i simboli, e forse le etichette, e ne lasciava cadere il corpo vivo'.[2] Though there are problems with *Uomini e no* it is, nevertheless, a genuine attempt to do something different and merits a certain amount of critical reappraisal.

The tensions in Vittorini's work can be seen to inform Calvino's *Il sentiero dei nidi di ragno*. The novel, and the preface that was added in 1964 (see the passage quoted above), represent a combined document of considerable importance for any enquiry into the culture of the Resistance. *Il sentiero dei nidi di ragno* has a child, as opposed to an intellectual, protagonist, who we follow throughout most of the book. In chapter 9, however, Calvino inserts the conversation between the intellectual Kim and Ferriera which appears in Part 2 of this anthology. Although the episode in question is not as ill-fitting as critics tend to argue (Pavese described it as a 'grande stonatura'), its inclusion demonstrates how Calvino's solution of inventing a third-person child protagonist did not quite work for him. Pin allowed him to get away from his own personal experiences, which as he admits in the preface, he struggled to turn into literature. But the problem with this solution is that Pin is, effectively, *too* distant from him, so when he himself wants to enter into the narrative and deal with the political issues that interested him at the time, he ends up damaging the artistic unity of the work.

In addition to the imposing quantities of printed material that came out in these years, a large number of films and documentaries were made. Rossellini's *Paisà* has already been mentioned. As we have seen, *Paisà* contains a number of episodes set in different regions of Italy. Rossellini's earlier film, *Roma, città aperta* (1945), on the other hand, concentrates on the Resistance in Rome. Both films are readily hired from video shops. Many other Resistance films and documentaries are, unfortunately, not so easy to come by.

1948–1960

By the late 1940s Calvino was working for Einaudi as a commissioning editor. One of the writers with whom he corresponded was Beppe Fenoglio who, more than any other Italian author, tenaciously explored the difficulties of writing about the Resistance. Fenoglio's first piece of Resistance writing was the *Appunti partigiani*, a recently discovered quasi-memoir, that Fenoglio never completed and apparently abandoned. The reasons for its rejection lie in the problematic use of a first person intellectual narrator, Beppe. As Fenoglio composed the work immediately after the war he encountered insurmountable difficulties with the autobiographical approach, and so went in search of different narrative methods and genres. This led him to compose the seven short stories aptly entitled *Racconti della guerra civile*. Six of these stories were eventually published in the 1952 collection *I ventitré giorni della città di Alba*. Fenoglio had been asked to alter the design of the collection in order to incorporate non-Resistance elements (stories of peasant life and the problems encountered by ex-partisans returning to an 'ordinary' post-war existence). Significantly the one story that he rejected from the original collection is 'Nella Valle di San Benedetto', which is narrated in the first-person by an intellectual protagonist. All the other stories (two of which are included in this anthology) are told by a third-person narrator who uses irony as a distancing device.

The unheroic depiction of the Resistance in these stories led to a hostile reception from the left-wing press, and in particular *L'Unità* critics mounted a sustained campaign against him. Probably spurred on by the hostility, Fenoglio worked on a full-length Resistance work in the 1950s. This work had a tortuous editorial history and only eventually saw the light of day as the posthumously published *Il partigiano Johnny* in 1968, but as it was written during the 1950s it is more appropriate to discuss it here. *Il partigiano Johnny* is written in the third person and its hero is the ex-student Johnny. *Il partigiano Johnny* is, like much of Fenoglio's works, incomplete, and comprises a series of unfinished manuscripts. Written in a much-discussed mixture of Italian and English, *Il partigiano Johnny* is probably the most ambitious example of Italian Resistance writing.

Fenoglio, as we have seen, continued to confront the problem of the literary representation of the Resistance throughout the 1950s. Other writers turned to different themes and different styles of writing. To an extent, the Resistance became an unfashionable topic. But, by the same token, there was a consistent effort made by the (largely) Christian Democrat government to forcibly remove the Resistance from the political and cultural agenda. Their efforts are part of what has become known as the 'desistenza'. A vivid picture of the kind of government interference that took place has been given by the actor, Giuliano Montaldo, who played the commissario in Lattuada's film *Achtung! Banditi!* Roman bureaucrats refused to give permission to use 'armi finte', clearly hoping to halt production of the film. However, an industrious 'gruppo di artigiani' worked round the clock to construct:

> delle armi di legno. Mitragliere pesanti, mitra, bombe a mano, fucili e pistole del film *Achtung! Banditi!* sono di legno! Un ingegnoso elettricista della troupe riuscì a "far sparare" un mitra collegando due carboni alla sommità della canna e provocando la scintilla con il gruppo elettrogeno. Un'arma che producesse - se non il suono, almeno alcuni brevi lampi, ci voleva ... [3]

1960–1968

The 1960s were a period of widespread cultural renewal. In Italy, there emerged an avant-garde movement which sought to explore new ways of communication and artistic expression. Politically, there was a shift from centre-right to centre-left governments in the wake of the Tambroni affair in 1960. Tambroni had attempted to include politicians from the neo-fascist Movimento Sociale Italiano (MSI) in his coalition, but protests throughout Italy, which saw thousands of ex-partisans taking to the streets, had prevented this from happening. As a result the Resistance re-emerged as a powerful political and cultural force. Censorship faded and a number of new works, particularly films, appeared. This was also the period during which the question of the role of women in the Resistance began to receive deserved attention. Women were of vital importance to the success of the Resistance movement. They were frequently employed as *staffette*, carrying weapons and information between brigades. There also existed many *partigiane* who shouldered a rifle with as much, if not greater, efficiency than their male counterparts. Yet their story had been largely ignored by historians. To counteract their erasure from memory a number of memoirs by women were published in the 1960s. This process of redefinition has continued ever since.

In the changed climate of the 1960s, the 20th anniversary celebrations in 1965 were accorded a great deal of attention as well as government support. The number of commemorative activities which took place was much higher than for the 10th anniversary.

1968–1980

The years 1968-1980 began with the aspirations of the student movement, but declined into terrorism and the 'anni di piombo'. This tragic period in the history of Italy effectively saw the Resistance appropriated by a variety of different forces. As I mentioned earlier, many students felt that the Resistance had been betrayed in the post-war period. Whilst the majority limited themselves to protesting, others decided that the work of the Resistance needed to be completed and took up the armed struggle. The publisher Giangiacomo Feltrinelli called the terrorist organisation which he led the GAP, after the *Gruppi di azione patriottica* (see Glossary).

1980–1989

The 1980s were characterised by the increasing popularity of the Italian Socialist Party and its leader, Bettino Craxi. During this period of political stagnation and unprecedented moral and ethical decline, the Resistance received scant attention, with the notable exception of the Taviani brothers' film *La notte di San Lorenzo* (1981). Over twenty years before, the Taviani brothers had made a short documentary film of the *strage* at San Miniato in Tuscany. In *La notte di San Lorenzo*, however, they adopt an entirely different approach. Clearly conscious of the processes involved in recreating history they exploit powerfully the potential of memory and imagination. The film contains a frame, set in the present, and a narrative set during the Resistance. The frame device, in which the ageing grandmother begins to retell the story of the massacre and its aftermath to her grandchild, foregrounds the importance of the role of memory and the subjectivity of historical experience in the film. Throughout the narrative section of the film, frame and narrative interlink, although the viewer may not always be aware of this. In the highly stylised battle scene between the fascists and the partisans, there is a fascinating moment of collision between the viewpoint of the child protagonist and the memory of the grandmother that she eventually becomes. Confronted by an armed fascist she shuts her eyes. When she opens them, the partisans are dressed as ancient Greek warriors and the fascist enemy is run through by a series of heavy wooden lances. One interpretation of this memorable scene is that we are seeing the confrontation with the eyes of the child. On the other hand, it could be the grandmother looking back, remembering how she saw the scene as a child, thus leading to a moment of fusion between the narrating 'I' and the narrated 'I'.

1989–1995

The 1990s saw the collapse of the traditional parties, the rise of Bossi and Berlusconi and *tangentopoli*. These momentous events also partly coincided with the fiftieth anniversary celebrations of the Resistance in the years 1993-1995. As such the Resistance has again become a contemporary issue. On the 25th April 1994, there was a massive march in Milan against the Berlusconi government, when thousands turned out in the pouring rain to show their dissent. The left-wing newspaper *Il Manifesto* made a short video of the Milan demonstration. Available at a modest price, the video sold thousands of copies. New debates amongst historians and political scientists have emerged and there has been a certain revival of Resistance culture.

In essence the debate between historians really centres on two issues: violence and national identity. We have already devoted some attention to the question of violence, so I will limit the discussion to a few brief comments on national identity. Not unexpectedly, there are a number of conflicting views on this issue and the debate has by no means been resolved. Most controversially, Renzo De Felice and Ernesto Galli della Loggia interpret 8 September as a day which irredeemably damaged the Italian sense of national identity. The title of Galli della Loggia's book, *La morte della patria*, gives a clear idea of the type of arguments it contains.[4] Furthermore, the 25 April, far from being a day to celebrate is, so De Felice and Galli della Loggia argue, a symbol of disunity. De Felice's arguments range a little wider than Galli della Loggia's and have received their most extended treatment so far in *Rosso e nero*, a book which takes the format of an interview between De Felice and Pasquale Chessa, the editor of the magazine *Panorama*. The book anticipates some of the arguments contained in the final volume of De Felice's monumental biography of Mussolini, which had not been published by the time of the author's death in 1996. De Felice argues for a fundamental reappraisal of the entire Resistance period: 'che bisogna studiare, con l'etica della scienza, per capire il danno alla moralità nazionale consumato in quel biennio e le ragioni della mancata ricostituzione di quel tessuto morale andato perduto.'[5] To give a few examples, De Felice argues that Mussolini's decision to form the Repubblica Sociale Italiana (RSI) was essentially patriotic, that the negative reputation of the leader of the X Mas, Prince Valerio Junio Borghese, needs to be reassessed, and that the vast majority of the population, after 8 September, couldn't care less who won because they did not 'identify' with either side (be it 'rosso' or 'nero') in the conflict, but rather occupied a 'grey' ideological zone. Somewhat more persuasively, Gian Enrico Rusconi constructs his thesis in *Resistenza e postfascismo* (see passage 6.3) around the difference, as he sees it, between anti-fascism as a military concept/movement in the war years, to which the PCI made a decisive contribution, and anti-fascism as a legitimising ideology for the PCI in the post-war period, during which time the meaning of the Resistance was altered to the detriment of national identity. As we are now in post-fascist and post-communist phase, Rusconi suggests that the memory of the Resistance needs to be revisited and reconstructed since:

> Una democrazia vitale mantiene viva la memoria della propria origine. Non importa quanto dolorosa e controversa sia tale memoria, purché alla fine tramite essa si generi tra i cittadini un sentimento di reciproca appartenenza. Solo così possono nascere lealtà politica e solidarismo civico che danno sostanza all'identità politica democratica.[6]

Pietro Scoppola, adopts a more straightforward approach than Rusconi, and argues that the war, 25 April, and the constitution involved everyone and are therefore a solid basis on which to construct a new sense of national identity (see passage 7.3).

Whatever the merits of the arguments that have been advanced, it is clear that a lot of new ideas and approaches are emerging. This level of innovation is not as apparent in Resistance culture, but there have been some interesting developments. Partisan songs, for example, have enjoyed a resurgence in recent years. The Modenese City Ramblers have produced a thrash-rock version of 'Bella ciao', and a compact disk of similar adaptations was a popular buy in 1995. In the main, though, publishing houses have relied on the repackaging of old texts. New works have been few and far between. The one major exception to this is Nuto Revelli's *Il disperso di Marburg* which represents the only (semi-) literary text that comes near to the fundamental 'rethinking' of the Resistance carried out by the likes of Pavone. *Il disperso di Marburg* is an account of Revelli's attempt to discover the truth behind the death of a German officer, killed by partisans in 1944 and left to rot on a small river island near the village of San Rocco. Revelli hears of the German officer by chance and is intrigued by the description of him as 'il tedesco buono'. His painstaking search takes him over ten years until he eventually discovers the identity of the soldier – Rudolf Knaut. Revelli's book fits into no particular genre. It is a detective story, a scholarly reconstruction, a diary. Above all it is a moving reappraisal of Revelli's attitude towards the Germans. In the book's simple closing lines Revelli reflects:

> Ogni qual volta rivivo l'episodio di San Rocco mi rivedo davanti agli occhi quel brandello della maglia bianca di Rudolf, risparmiato dall'onda lunga del fiume. Come il segnale di un destino crudele, di una vita sprecata, di una resa.[7]

Not then for Revelli the suppression of the past, the erasure of history, the placing of 'una pietra sopra' the many terrible events of the Resistance. Instead, a desire to understand, to relive and see again what occurred during those twenty months. We can only hope that Revelli's supremely 'moral' vision will be shared by younger generations of Italians in the years to come.

Notes

1 Italo Calvino, preface to *Il sentiero dei nidi di ragno* (Milan, Mondadori, 1992), vi–vii.
2 Giuseppe Manacorda, *Storia della letteratura italiana contemporanea* (Rome, Editori Riuniti, 1967), 80.
3 *Dentro la storia: cinema, Resistenza, pace*, ed. Giampaolo Bernagozzi (Bologna, Pàtron editore, 1984), 96.
4 Ernesto Galli della Loggia, *La morte della patria* (Bari, Laterza, 1996).
5 Renzo De Felice, *Rosso e nero* (Milan, Baldini & Castoldi, 1995), 61.
6 Gian Enrico Rusconi, *Resistenza e postfascismo* (Bologna, Il Mulino, 1995), 10.
7 Nuto Revelli, *Il disperso di Marburg* (Turin, Einaudi, 1994), 174.

Chronology

1940

10 June	Italy enters Second World War.

1943

9–10 July	Allies land in Sicily.
19 July	Allies bomb Rome.
25 July	Mussolini is asked to resign by the king, Vittorio Emanuele III. Pietro Badoglio becomes prime minister and announces that 'la guerra continua'.
8 September	after a period of 45 days, Badoglio declares armistice. The king flees to Brindisi.
9 September	Comitato di Liberazione Nazionale established.
12 September	Mussolini freed by SS, subsequently sets up Repubblica Sociale Italiana with headquarters at Salò.
Winter 1943	first partisan formations set up.
27 November	beginning of the 'quattro giornate di Napoli', a popular uprising against the Nazis.

1944

22 January	Allied landings at Anzio.
24–25 March	Massacre of civilians and partisans at the Fosse Ardeatine in Rome.
29 March	Togliatti enters Badoglio government – the 'Svolta di Salerno'.
15 April	The philosopher Giovanni Gentile, who had supported the Fascist regime, is killed by partisans in Florence.
4 June	Rome liberated.
6 June	Normandy landings.
18 June	Badoglio resigns, replaced by Ivanoe Bonomi.
2 September	Florence liberated.
29–30 September	Massacre at Marzabotto of over 1,800 people, including women and children.
13 November	General Alexander's message to partisans to cease activities for the winter. Resistance enters winter crisis.

1945

9–10 April	Allies resume offensive and break through the 'Linea Gotica'.
20–21 April	liberation of Bologna.
25 April	liberation of Milan.
28 April	Mussolini executed at Dongo.
2 May	Germans surrender in Italy.
21 June	Ferruccio Parri becomes prime minister.

Glossary

Alexander, Harold (1891–1969): in charge of Allied retreat from Dunkerque (1940), subsequently commander-in-chief of British troops in North Africa, then Italy (1943) and eventually of Allied troops in the Mediterranean (November 1944). On 13 November 1944 he issued the notorious *proclama di Alexander*, inviting the partisans to go home for the winter and prepare for a spring offensive in 1945.

Attesismo: term of criticism applied to those people *(attesisti)* who preferred to play the waiting game rather than turning to direct action.

Azionista: supporter of Partito d'Azione (see *Giustizia e Libertà*).

(Brigate) Autonome: partisans who claimed no political allegiance. Particularly prevalent in Piedmont.

Badoglio, Pietro (1871–1956): B. fought in First World War and became *capo di stato maggiore* in 1919. He initially opposed Fascism, but by 1928 was named governor of Libya. B. was asked by the king to form a new government after the fall of Mussolini. After the liberation of Rome (June 1944) B. resigned.

CLN (Comitato di liberazione nazionale): committee originally founded on 9th September 1943 by representatives of the six anti-fascist parties (De Gasperi for *Democrazia Cristiana*, Alessandro Casati for the *Partito Liberale*, Meuccio Reuni for the *Partito Demolaburista*, Ugo La Malfa and Sergio Fenoltea for the *Partito d'Azione*, Pietro Nenni and Giuseppe Romita for the *Partito Socialista*, Mauro Scoccimarro and Giorgio Amendola for the *Partito Comunista*. Ivanoe Bonomi was elected as leader.

CLNAI (Comitato di liberazione nazionale Alta Italia): formed from the Milan branch of the CLN on 31.1.1944. Took charge of political and military direction of the Northern Resistance.

CVL (Corpo Volontari della Libertà): name given to all partisan forces operating north of the Linea Gotica. Under General Cadorna from October 1944.

De Gasperi, Alcide (1881–1954): in 1919 he was one of the founders of the Catholic *Partito Popolare Italiano* and became its leader in 1924. Imprisoned under Fascism (1926–1929), De G. formed *Democrazia*

Cristiana in 1943. After Parri resigned in December 1945 he became prime minister and remained so until 1953.

Fosse Ardeatine: site of Nazi massacre of civilians in Rome.

Galimberti, Duccio (1906–1944): member of Partito d'Azione. G. was one of the first anti-fascists to take to the hills. He was the commander of the *Giustizia e Libertà* partisans in Piedmont. Captured in Turin in November 1944, G. was tortured and then shot in December 1944.

GAP (Gruppi di azione patriottica): urban partisans, particularly active in Rome, Turin, Florence, Bologna and Milan.

(Brigate) Garibaldi: communist partisan formations who had a massive presence in the centre and North of Italy.

(Brigate) Giustizia e Libertà (GL): partisan formations who supported the *Partito d'Azione*. *Giustizia e Libertà* was originally an anti-fascist movement formed by the Rosselli brothers. In 1942 its supporters formed the *Partito d'Azione*.

Gramsci, Antonio (1891–1937): one of the founders of the Italian Communist Party (1921), he became its leader in 1924 and remained so until his arrest in 1926. Whilst in prison he wrote the *Quaderni del carcere* and the *Lettere dal carcere*, which became key texts for the European Left.

(Linea) Gotica: a German defensive line between Massa on the Tirrenian Coast and Pesaro on the Adriatic coast which was finally breached by Allied troops in the spring of 1945.

(Linea) Gustav: a German defensive line set up after 8th September which ran between Pescara on the Adriatic coast to the mouth of the Garigliano river on the Mediterranean coast. The battle for the Gustav line lasted for five months (January to May 1944).

Livio Bianco, Dante (1909–1953): a follower of Piero Gobetti and the *Giustizia e Libertà* movement. In July 1942 he was one of the founders of the Partito d'Azione. In September 1943 L.B. formed one of the first partisan units in Italy, along with Duccio Galimberti. In February 1945 he was made the leader of the *Giustizia e Libertà* formations in Piedmont.

Longo, Luigi (1900–1980): one of the founders of the Italian Communist Party, L. fought in the civil war in Spain. He was the military commander of the Garibaldi partisans and a member of the CLNAI.

Mauri, Enrico Martini: an army officer until September 1943, M. was one of the leaders of the monarchist partisan formations in the Cuneo/Savona area in Piedmont.

(Brigate) Matteotti: partisan formations who supported the socialist party.

Parri, Ferruccio (1890–1981): frequently arrested and imprisoned for anti-fascist activities, P. was one of the founders of the Partito d'Azione. He was one of the major Resistance leaders and played an important role in the CLNAI. He was arrested by the Germans in January 1945 and was made leader of the first post-war government on 26 June 1945, but resigned in December.

RSI (Repubblica Sociale Italiana): Mussolini's break-away fascist state which had its headquarters at Salò on Lake Garda. It was officially set up on 18 September 1943.

Sap (squadra di azione patriottica), Sapista: partisans who carried out a variety of Resistance activities, but who continued to work (usually in factories, but also schools and universities).

Secchia, Pietro (1903–1972): arrested and imprisoned in 1931. In September 1943 he went to Milan where he became political commissar of the *Brigate Garibaldi*. After the war he was a major figure in the PCI, but was side-lined in 1954 after he criticized Togliatti.

Togliatti, Palmiro (1893–1964): one of the founders of the Italian Communist party and its leader from 1944. His decision to leave until after the war the issue of the future of the monarchy (the *svolta di Salerno*) accelerated the progress of the Resistance, but is still the subject of much debate.

Guide to further reading

This is not the place for an extensive bibliography. Instead, I would like to make some practical suggestions as to how readers of this anthology might develop their interests in the Resistance.

Works in English on the history of the Resistance

The best, and a reasonably up to date, introductory account of the Resistance in English, is the first two chapters of Paul Ginsborg's *A History of Contemporary Italy 1943–1988* (Harmondsworth, Penguin, 1990). David Ellwood's *Italy 1943–1945* (Leicester, Leicester University Press, 1985), is a full-length study which concentrates on the role of the Allies. It was first published in Italian as *L'alleato nemico* (Milan, Feltrinelli, 1975). After this, other works in English are somewhat dated. However, Charles Delzell's *Mussolini's Enemies: the Italian Anti-Fascist Resistance* (Princeton, Princeton University Press, 1961) and his bibliographical article, 'The Italian anti-fascist Resistance in retrospect: three decades of historiography', *Journal of Modern History*, 47 (1975), 66–96, are worth looking at. There is also a stimulating collection of essays *The Rebirth of Italy 1943–1950*, ed. Stuart J. Woolf (London, Longman, 1972).

Works in Italian on the history of the Resistance

The obvious starting point are the works by Pavone, Rusconi and Scoppola, extracts from which appear in this anthology: Claudio Pavone, *Una guerra civile: saggio storico sulla moralità nella Resistenza* (Turin, Bollati Boringhieri, 1991) and *Conoscere la Resistenza* (Milan, Unicopli, 1994); Gian Enrico Rusconi, *Resistenza e postfascismo* (Bologna, Il Mulino, 1995); Pietro Scoppola, *25 aprile. Liberazione* (Turin, Einaudi, 1995). Scoppola's is the shortest and cheapest. In addition Guido Quazza's *Resistenza e storia d'Italia* (Milan, Feltrinelli, 1976) is fundamental. Although it has been much criticised, Roberto Battaglia's *Storia della Resistenza italiana* (Turin, Einaudi, 1964) should not be ignored. Recently republished at a modest price, and very readable is Giorgio Bocca, *Storia dell'Italia partigiana* (Milan, Mondadori, 1995). In addition to these the reference work *Enciclopedia dell'antifascismo e della Resistenza* (Milan, La Pietra, 1968), is a useful source, although it is not easy to come by in Britain.

Works in English on Resistance writing

There is, regrettably, no full-length study of Resistance writing in English. The subject of the Resistance does, however, appear frequently in the essays in *Writers and Society in Contemporary Italy*, eds M. Caesar and P. Hainsworth (Leamington Spa, Berg, 1984).

On **Calvino** see: Lucia Re, *Calvino and the Age of Neorealism: Fables of Estrangement* (Stanford, Stanford University Press, 1990) which is an exhaustive study of *Il sentiero dei nidi di ragno*.

On **Pavese** see: Doug Thompson, *Cesare Pavese* (Cambridge, Cambridge University Press, 1982).

On **Fenoglio** see: Philip Cooke, 'Fenoglio's binoculars, Johnny's eyes', *The Italianist*, 14 (1994), 133–59 and 'The Red and the Blue: the depiction of the Italian partisan Resistance in Fenoglio's *Il partigiano Johnny*', *The Modern Language Review*, 91 (1996), 365–81.

On **Vittorini** see: Shirley Vinall, 'The portrayal of the Germans in Vittorini's *Uomini e no*', *Journal of European Studies*, 16 (1986), 201–16.

On **writing by women** see: Penny Morris, 'Truth and the Resistance in Giovanna Zangrandi's *I giorni veri*', *The Italianist*, 11 (1991), 105–27; Perry R. Willson, 'Saints and heroines: re-writing the history of Italian women in the Resistance to Fascism', in *Community, Authority and Resistance to Fascism in Europe,* eds Tim Kirk and Anthony McElligot (Cambridge, Cambridge University Press, 1997; Jane Slaughter, *Women and the Italian Resistance* (Dublin, Arden Press, 1997).

Some articles contain a comparative perspective. See: Brian Moloney, 'Vittorini, Pavese and the ethics of armed Resistance', in *The Shared Horizon*, ed. Tom O'Neill (Dublin, Irish Academic press, 1990), 185–202; David S. Watson, 'Rhetoric and literary approaches to the Italian Resistance: Calvino, Fenoglio, Viganò', also in *The Shared Horizon*, 203–14.

Works in Italian on Resistance writing

Indisputably the best work is Giovanni Falaschi's *La resistenza armata nella narrativa italiana* (Turin, Einaudi, 1976). Falaschi's work is restricted to the period 1944-1950 and contains chapters on the partisan press, memoirs, the short story (and novel), Vittorini, Calvino and Fenoglio. There is also an extensive bibliography.

Other

There are a number of memoirs in English which make interesting reading. See: Stuart Hood, *Carlino* (Manchester, Carcanet, 1985); Iris Origo, *War in Val d'Orcia* (London, Murray, 1984); Eric Newby, *Love and War in the Apennines* (London, Hodder and Stoughton, 1971).

Note on the texts

Full references for each text/extract are given in the title.

Where necessary, a short title (usually the first sentence of the extract) has been given to each text. Otherwise the original titles have been retained.

Omissions in the texts made by the editor are indicated by an ellipsis in square brackets: […].

Accents and quotation marks for all texts/extracts have been standardised to follow the style set by *Lo Zingarelli, 1994, Vocabolario della lingua italiana* (Bologna, Zanichelli, 1994).

The Italian Resistance

PART 1 8 September 1943

1.1 '**Canzone dell'otto settembre', in A. Savona and V. Straniero,** *Canti della Resistenza italiana* **(Milano, Rizzoli, 1985), 100–101.**

This simple and brief song captures the rapidity of events in a far more effective manner than many prose passages. The 'I' of the song, who had been a soldier in the regular army, believed he had been released from his duties and was on the way back to his mother. But the next day he was captured and sent to Germany.

> L'otto settembre fu la data,
> l'armistizio fu firmato,
> mi credevo congedato
> e alla mamma ritornai.
>
> Al giorno dopo fu fallito
> quel bel sogno lusinghiero,
> mi hanno fatto prigioniero
> e in Germania mi mandar.[1]
>
> Lunghi son quei tristi giorni
> di tristezza e patimenti.
> Siam rivati[2] a tanti stenti
> che in Italia tornerò.

1.2 Claudio Pavone, 'Lo sfascio seguito all'ascolto del proclama di Badoglio', in *Una guerra civile: saggio storico sulla moralità nella Resistenza* (Turin, Bollati Boringhieri, 1991), 12–15.

This passage is from the historian Claudio Pavone's mould-breaking 1991 study *Una guerra civile*. Pavone uses a variety of sources to create a clear picture of the confusion caused by the armistice declaration.

Lo sfascio seguito all'ascolto del proclama di Badoglio che, la sera dell'8 settembre, annunciava l'armistizio con gli angloamericani, è stato descritto molte volte, specialmente sotto il profilo della condotta dei vertici politici e militari. Non si intende qui ripercorrere la cronaca di quegli eventi, rettificando magari qualche punto, aggiungendo qualche particolare e incrementando la pletorica letteratura sulla «mancata difesa di Roma». Vanno comunque ricordate due circostanze: da una parte le difficoltà obiettive contro cui si sarebbero urtati anche Comandi più capaci e meglio intenzionati; dall'altra le opportunità che nei primi giorni seguiti allo sbarco di Salerno,[3] difficilissimi per gli Alleati, ancora si offrivano a un'iniziativa di Badoglio e del re. Lo stesso Churchill, tanto maldisposto verso l'Italia,[4] in un memorandum preparato per l'incontro con Roosevelt alla Casa Bianca del 9 settembre, aveva scritto:

se dovessero scoppiare combattimenti fra italiani e tedeschi, le prevenzioni della pubblica opinione scomparirebbero rapidamente, e in una quindicina di giorni la situazione potrebbe talmente maturare, se sapremo dirigere in questo senso gli eventi, da rendere possibile una dichiarazione di guerra contro la Germania da parte dell'Italia.

Sul comportamento dei Comandi italiani vale ancora una volta il paragone con la Francia del 1940, secondo le parole di Bloch:[5] «Il nostro Comando ... non si è limitato a subire la disfatta: ... l'ha accettata .... Nel profondo del cuore essi [i capi] erano inclini a disperare del paese stesso che dovevano difendere e del popolo che forniva i soldati».

30

Come hanno rilevato i curatori di una raccolta di testimonianze dei sopravvissuti alla deportazione nei Lager nazisti, «a fare da spartiacque alla memoria è l'8 settembre». Il disastro segnato da quella data non ebbe nulla di «splendido»: non ovviamente per i fascisti, non per la massa della popolazione, non per gli antifascisti, che potettero far leva su di esso soltanto assumendolo come disastro doloroso. Lo sfascio dell'8 settembre riuscì a riunire in sé gli effetti di un evento troppo a lungo atteso e di un evento improvviso […] Per gli italiani l'ora arrivò in un momento che mise a duro confronto due opposte certezze: quella della onnipotenza degli Alleati e quella della invincibilità dei tedeschi. La prima – questo era il desiderio largamente diffuso – avrebbe dovuto, con il suo rapido e totale dispiegamento, impedire alla seconda di far pesare tutta la sua incontenibile possanza, risparmiando agli italiani lo strazio patito da tanti popoli d'Europa. Le false notizie, in un primissimo momento di sbarchi alleati dal mare e dal cielo e subito dopo anche di reazioni tedesche contro gli italiani ancor più fulminee e spaventose di quelle realmente in atto, trovarono credito, ricalcando quasi alla lettera la traccia delineata da Bloch in un suo saggio famoso, perché «représentations collectives qui préexistent»[6] si incontravano con i fraintendimenti casuali: tutta l'Italia diventò in quei giorni una immensa cucina da campo, che è il luogo dove vengono di preferenza costruite le false notizie. Si può portare un esempio di vertice. Quando il re, Badoglio e gli altri generali fuggiaschi ebbero a Chieti, nella tarda sera del 9 settembre, la notizia che erano state occupate Trieste, Genova e La Spezia, alcuni ancora credettero che gli occupanti fossero gli Alleati. Ma in quei giorni la fame di notizie era tale che «basta[va] che un ubriaco grid[asse] un poco forte delle parole sconnesse, perché la gente accorresse da ogni parte a sentire».

La prima e grande «falsa notizia» che gli italiani videro smentita dai fatti fu che l'armistizio significasse la pace. Assai più rapidamente che dopo il 25 luglio, e con sbocchi ben più radicali, le reazioni immediate si capovolsero in altre di segno opposto, secondo la rapida sequenza, largamente attestata dai documenti e dalla memorialistica, di incredulità-stupore-gioia-preoccupazione-smarrimento.

«Chi non capisce, chi capisce a metà. Soldati che si abbracciano, bustine che volano. I soldati sono allegri come se la guerra fosse finita sul serio»: queste sono le prime reazioni registrate, a Cuneo, da Nuto Revelli. A Venezia, il diario di Franco Calamandrei descrive «esclamazioni festose, canti giulivi di ragazzi, richiami ridenti di bambini .... Il solito improvviso e breve ottimismo ... [e poi] annichilimento, silenzio, confusione». Un caporalmaggiore di stanza a Udine ha di recente ricordato che «la gente, in giro, si esalta e i soldati si danno alla gioia [dopodiché] fuggi fuggi degli ufficiali e anche nostro». Altre testimonianze sono concordi nel parlare di «atmosfera mista di gioia, di incredulità e di smarrimento», di «gioia e tristezza», di gente che «in parte esultava e in parte – soprattutto i più anziani – si diceva preoccupata di quello che sarebbe successo».

Il futuro capobanda Guido Quazza scrisse nel suo diario del passaggio dalla gioia alla incertezza e alla preoccupazione, del desiderio di fuga, della stanchezza fisica e del dolore morale patiti in quei giorni. Un altro comandante partigiano *in pectore*,[7] Giovanni Battista Lazagna, ricorda a sua volta che «dopo i primi momenti di euforia i più coscienti cominciarono a rendersi conto della situazione». E presto si diffuse il senso di essere stati abbandonati, i soldati dagli ufficiali, tutti gli italiani da qualsiasi autorità che pur avrebbe dovuto proteggerli.

«Ci hanno traditi, gli ufficiali sono scappati, anche il re ci ha abbandonati!» gridavano i soldati che il 9 settembre, a Padova, si calavano in Prato della Valle[8] da una contigua caserma. «Sono scappati tutti», rispose «brutalmente» a chi lo interrogava il piantone del Comando del corpo d'armata di Roma, in piazza della Pilotta. A Torino nei «prati si trovano baionette, cinturoni che i soldati gettano dicendo "fatene delle scarpe". Gli ufficiali sono fuggiti per primi, e poi le truppe, e questo naturalmente giova al comunismo, perché le classi borghesi hanno fatto una pessima figura». Sempre a Torino, ricorda un geniere, «dopo due giorni, visto che non ricevevamo ordini, abbiamo ritenuto opportuno tagliare la corda, perché in quelle condizioni l'unica cosa che ci poteva capitare era di essere presi in trappola come tanti topi». Nei reparti della 4a armata che, ognuno «per proprio conto come meglio poteva», arrivavano a Cuneo dalla Francia, i soldati si interrogavano e si guardavano «con occhi sbarrati», fino al finale si salvi chi può. E un soldato poneva la domanda, rimasta per tutti senza risposta: «Ma, in sostanza, signor colonnello, noi, ora, cosa dobbiamo fare?».

1.3 Fiorina Friziero, 'Poi è sopravvenuto l'8 settembre', in *Compagne*, ed. Bianca Guidetti Serra (Turin, Einaudi, 1977), 581–584.

Fiorina Friziero, a working class woman from Turin, gives here a compelling account of the effects that the events of 8 September 1943 had on her life. Although substantially edited for publication by Bianca Guidetti Serra, the spoken origins of the passage are clear.

Poi è sopravvenuto l'8 settembre. Di questo ho un ricordo veramente rabbrividente. Ricordo che la sera io sono uscita dal lavoro e rincasando ho visto che le cose si mettevano male, tutti i militari che scappavano e qualcuno era contento e diceva: «Meno male, scappano i militari e la guerra è finita.» Ma io capivo che invece non era bene. E comunque verso le nove di sera arrivano da noi tre militari uno dei quali era un cugino alla lontana di mio marito e dice: «Siamo scappati… dal nostro posto, – dice – vogliamo rientrare però non abbiamo abiti civili, sembra che i tedeschi si siano già messi alle calcagna dei militari e ci vogliono deportare in Germania, se avete qualche indumento da darci …»

E allora noi abbiamo detto: «Però è meglio che voi vi fermiate per qualche tempo da noi, state nascosti.»

E infatti abbiamo nascosto questi tre uomini e poi li abbiamo riforniti di abiti civili un po' racimolando di qua e di là perché erano di tre corporature diverse e dopo una settimana se ne sono andati per conto loro. Però di due ho avuto notizie e invece di un terzo non ho saputo più niente. Perché tutti avevano promesso che ci avrebbero scritto. Invece quello che temo è che sia finito male

33

perché era senza documenti purtroppo…

Invece proprio in quei giorni aspettavo anche mio marito che in quel periodo si trovava a Tivoli. Ha combattuto contro i tedeschi; la sua divisione ha combattuto contro i tedeschi, tanto è vero che ha avuto insomma l'onore delle armi da parte dei tedeschi. Il suo comandante, non mi ricordo più il cognome, è stato ucciso alle Fosse Ardeatine.

Poi a mio marito e agli altri gli han fatto come un congedo provvisorio e potevano venire a casa. Qualcuno che abitava sul Veneto è arrivato.

Lui ha dovuto cambiare a Piacenza. Quando è stato a Voghera hanno impiombato i vagoni e li hanno dirottati in Germania. E chi cercava di scappare li mitragliavano.

Io ho fatto delle ricerche, sono andata alla Fiat, mi son fatta consegnare una richiesta dalla Fiat, il «bilingue» allora si chiamava, e poi sono andata a cercarlo perché intanto mi era pervenuta una lettera da un signore sconosciuto che mi diceva che mio marito era stato fatto prigioniero dai tedeschi. Questa lettera proveniva da Voghera.

Allora io parto con mio padre e andiamo a cercarlo a Voghera. Lì al comando militare tedesco a Voghera l'interprete mi dice che quelli che erano passati nei giorni precedenti si trovavano ad Alessandria. Allora andiamo ad Alessandria, alla cittadella di Alessandria.

Lì non erano stati annotati nomi e matricole. Allora ci han detto: «Se si vogliono accomodare guardi se lo trova noi glielo diamo.» così mi han detto.

Allora io ho guardato uno per uno quei poverini, tutti militari prigionieri in attesa di essere portati in Germania.

Adesso pensandoci … io avevo la speranza di salvare mio marito non avendo potuto … trovarlo ho il rimpianto (e mio marito è lui che mi ha messo questa idea soprattutto) di non aver preso uno qualunque e detto: «Questo è ….» forse lo salvavo, almeno salvavo una persona.

Però al momento non l'ho pensato anche perché speravo di trovare mio marito.

In quei giorni proprio viaggiando sul treno andando a Voghera ho incontrato un tale che era vestito abbastanza dimessamente e mi ha detto di essere lo scrittore Diego Valeri.[9] Ora io non so se è vero o non è vero, ma questo si dimostrava proprio antifascista, ma proprio; abbiamo chiacchierato sempre con mio padre ché eravamo soli nello scompartimento.

Purtroppo, detto questo, quando io sono arrivata a Voghera mio marito aveva già varcato il confine.

Dopo una settimana infatti mi è giunta la comunicazione della Croce Rossa che mio marito era prigioniero dei tedeschi ed aveva passato il confine.

È stato portato dalle parti di Brema,[10] nel campo XB.

Da lui avevo notizie quando poteva [...] Nelle sue lettere, purtroppo, c'era soltanto sempre che aveva fame, di mandargli degli indumenti perché aveva freddo, di mandargli del pane perché aveva fame. Noi si faceva quel che si poteva perché anche i pacchi non si poteva mandarli come si voleva, bisognava avere il «buono» per spedirli. Tanti li ha spediti la Fiat, a onor del vero, gliene sono arrivati parecchi dalla Fiat.

Come è sopravvenuto l'8 settembre un giorno mi si avvicina un ragazzo che era operatore della squadra a cui partecipavo io alla Fiat e mi chiede se io non avrei scritto un articolo su un giornale clandestino delle donne.

Ho detto: «Sì senz'altro, sono ignorante, non ho un'istruzione ma se voi me lo correggete io senz'altro mi sento di farlo.»

E così, in seguito a questo, sono stata messa in contatto con la compagna Pinuccia Scotti e con la Medea Molinari e di lì ho preso la mia attività veramente organizzata. Allora ho avuto la possibilità di rendermi utile nell'organizzazione degli scioperi. Il giornale era «La Compagna». Aveva per contenuto delle difficoltà della donna che lavorava in fabbrica e soprattutto del momento economico in cui si viveva perché si andava incontro all'inverno, non c'era legna, non c'era carbone, non c'era niente, i viveri scarseggiavano, la cosa veniva sempre più dura, l'articolo si basava su quello, sulla difficoltà di una donna sia massaia che lavoratrice di far quadrare il bilancio, di trovare anche il necessario per vivere.

Allora ho incominciato così.

This passage is taken from Luigi Meneghello's ironic and vastly entertaining work *I piccoli maestri*. Meneghello's book was first published in 1964, at a time when efforts were being made by politicians to create an idealised and celebratory image of the Resistance.

L'armistizio venne sotto forma di urlo, verso sera: noi stavamo seduti davanti alle tende con le mani incrociate sulla pancia; un alpino attraversò il campo di corsa, inciampando sugli sterpi, tirando calci a quel che capitava, gavette, armi. Faceva un urlo come uno che vogliono scannare e scappa via già sbucciato dai coltelli. Si sentiva che diceva: «L'è finìa!»[11]. Credeva che fosse finita.

È strano che non mi ricordi più come apprendessimo invece la caduta del regime; eppure dovrebbe essere un ricordo-base. Invece niente. La naia è un isolante potentissimo, eravamo impaccati tra sergenti, divise, otturatori, serpi; impaccati con gli etruschi, e con Seneca; e quello che accadeva fuori dei nostri imballaggi, credevamo per inerzia che continuasse ad essere di supremo interesse, e invece era come leggere su vecchi giornali le notizie di un altro decennio. E allora com'è andato a finire questo De Ira? e il fascismo, come è andato a finire? Si sentiva che il centro non era più lì; la cosa, incredibile, era in realtà scontata. Inoltre avevamo sottovalutato il grado di compromissione che comportava la nostra appartenenza a un reparto militare e a un corso allievi. Avevamo fatto gli esami di caporale, o di sergente che fosse, con la cura di farli bene, di fare la solita bella figura: «On, Dui! Fianco dès: dès!» con la voce squillante da ufficialetto. I tenenti guardavano commossi il capitano, e il capitano deglutiva dalla commozione per la bellezza della voce e dei comandi: mi facevo oscuramente schifo. «Squadra alt: on! dui! Presentat: caz! Fianc: arm! Ri: poso!» Imbecille.

Spero che anche altri fossero disorientati, in Italia, a questa vigliaccata che faceva il regime di uscire dal ring senza neanche aspettare non dico il primo pugno, ma almeno che qualcuno s'infilasse i guantoni. Certo noi eravamo disorientati: il regime si squagliava come i rifiuti superficiali di un letamaio sotto l'acquazzone, e ciò che contava era la confusione in cui restavamo, la guerra, gli alleati-nemici, i nemici-alleati.

Io e Lelio[12] andammo alla bibliotechina di Tarquinia a cambiare i libri. C'era un ritratto del Re Imperatore sul muro, a sinistra un ritratto di D'Annunzio,[13] dall'altra parte un riquadro sbiancato, nel posto dov'era stato il Duce. Lelio montò su una sedia, tirò giù il Re Imperatore e lo appoggiò al muro, per terra; poi allungò le mani per prendere D'Annunzio. La signora bibliotecaria arrossì violentemente e disse: «Eh no, perbacco, quello no: quello è D'Annunzio!» Lelio disse: «Appunto,» e lo mise al muro vicino al suo Re. La bibliotecaria stava per mettersi a piangere, mormorava: «Ma è il poeta della terza Italia,» o quarta che fosse; ma noi inflessibilmente li passammo tutti e due per le scarpe. Lelio si mise a guardare il crocifisso che era restato solo sopra ai tre riquadri sbiancati. La bibliotecaria si sbiancò anche lei. Dopo un po' Lelio distolse lo sguardo dal crocifisso, e la bibliotecaria ridiventò rossa, e ci cambiò i libri. Mancava il verde.

Otto settembre vuol dire nove, o anche dieci. Le istruzioni erano di guastare e rompere le armi, ciascun reparto per conto suo. Sotto l'occhio dei sergenti si prende il fucile 91 per la canna, si sceglie una grossa pietra, e si mena una botta a tutta forza. Il calcio si scheggia, ma il fucile c'è ancora, in buono stato, salvo la scheggiatura sul calcio. Riprovare allora, a botte furibonde, anarchiche, gridando scompostamente «Savoia!»[14] a ogni botta. Facevamo un cerchio, e tutti spaccavano. Spacca, spacca! Si sentiva che la cosa era sbagliata, pure la soddisfazione era enorme. Peccato che da pestare coi calci dei lunghi fucili, avessimo solo gli onesti macigni.

Fu la mezz'ora più sentita della guerra. Io penso che anche l'Italia dei nazionalisti ci debba essere grata di aver contribuito secondo le nostre forze a svecchiare l'equipaggiamento militare del paese, che davvero era stato un po' trascurato. L'unica pena era per i venerandi schioppi del 91, che un colpo solo non bastava a mettere fuori uso; non li avevamo conosciuti abbastanza, ora si vedeva come li avevano temprati i nostri nonni, ora che bisognava romperli; e solo in un empito di tardiva meraviglia si riusciva a farli fuori.

Si sentiva, come dico, che la cosa era sbagliata, ma confusamente; dopo aver fracassato il nostro armamento personale, girando perplessi tra le tende ci mettemmo a raccogliere fasci di altre armi intatte, e cassette di munizioni; le prendevamo su, e poi non sapendo cosa farne, le buttavamo di nuovo per terra. «Mettiamone via un po'.» dissi. Forse era solo per reagire al senso di dispregio, allo sciupio di questa roba costosa. C'era una tomba che avevamo scoperta da poco.[15] «Diamole agli etruschi.» disse Lelio, e gliele demmo; erano praticamente coevi.

All'ultimo momento ci prendemmo un fucile per uno, e qualche caricatore; li prendemmo quasi per forza d'inerzia, perché ce n'erano tanti; non perché ci vedessimo dentro. Era lunga la strada; non sapevamo nemmeno che fosse una strada; ci sentivamo come in un circo, pagliacci vestiti da alpini. Il capitano schierò la compagnia, parlò piangendo, poi ci abbracciò a uno a uno.

«Perché piangono?» bisbigliava Lelio.

Non credo che avessero paura di perdere il posto, era solo un generico dispiacere patriottico. Piangevano come vitelli, poverini: restai sorpreso e un po' impressionato. Il capitano aveva un occhio di vetro, e mi domandai se piangeva anche con quello. Era un uomo piccolo e simpatico; ho saputo che è poi stato ammazzato nella guerra civile, e questo mi ha sinceramente addolorato. Quel suo dispiacere patriottico dell'otto o dieci settembre ci pareva certamente malposto: però quando venne il nostro turno facemmo entrambi il nostro passo avanti, io e Lelio, e ci lasciammo disciplinatamente abbracciare. Mi baciò sulle due gote, chiamandomi per nome, poi passò a un altro, e io restai lì tutto bagnato.

La compagnia si sciolse con le dovute cerimonie. Ecco gli ultimi minuti, gli ultimi secondi, finisce tra fiumi di queste curiose lagrime la naia, è finita. Tutto a un tratto si è in mezzo a un gruppo di gente che un momento fa era la compagnia, liberi. Gli ex ufficiali si asciugano la faccia. L'esercito italiano va a casa.

La gente si divideva in quelli che facevano i preparativi, e quelli che non li facevano. Eravamo in mezzo all'Italia, con quattro o cinque regioni tra qui e casa. Quindi era tutto uguale, fare i preparativi o non farli. Vidi il sergente Landolfi partire sotto una cassetta di cottura, che è un carico per un mulo, non per un uomo. Non aveva trovato altro per metterci il rum, e così partì con questa mostruosa cassetta, bestialmente piegato verso terra. Era diretto a Como.

Io e Lelio ci mettemmo in strada con tre altri da Vicenza; si trattava di prendere l'Italia di sbieco; ne attraversammo un bel pezzo camminando tre o quattro giorni. La gente era buonissima dappertutto, ci davano pane. Il paesaggio era polveroso.

Sul lago di Bolsena c'era un convento, e al portone un frate gentile, che ci disse: «Se volete cenare con San Francesco» e così cenammo con lui. La cena fu ottima. Il convento mi affascinò: era perfetto. Corridoi nudi, grandi, luminosi; celle chiare; il lago davanti; i frati ovviamente remoti dalle cose del mondo, sereni, gentili, alla vecchia. Parlammo a lungo di Amalasunta,[16] la quale c'entra con questo lago. Io sono sicuro che come struttura generale di cromosomi ero destinato a fare il frate; manca solo l'ultima combinazione, e perciò niente. L'attrazione di questo convento era enorme; se prendessero anche i miscredenti, pensavo, io quasi quasi appena scoppia la pace ci vengo. Qua mi pareva già più Italia; erano i paesi del Balilla-Vittorio.[17]

Dopo un po' che fummo in Umbria, Lelio disse: «Non è mica verde.»[18] Sparavamo alle cornacchie: io non sono mai stato cacciatore, e questa era la prima volta che sparavo alle bestie, ma senza impegno, non correvano nessun pericolo. Erano sparse su prati aperti color avana, e sentendo lo sparo andavano via, senza necessità, ma per prudenza.

Erano da vedere, le strade dell'Italia centrale in quei giorni; c'erano due file praticamente continue di gente, di qua andavano in su, di là in giù, tutti abbastanza giovani, dai venti ai trentacinque, molti in divisa fuori ordinanza, molti in borghese, con capi spaiati, bluse da donna, sandali, scarpe da calcio. Abbondavano i vestiti da prete, e non erano pochi i veicoli: calessi con un asinello, o tirati a mano, carriole, carrettini del latte, moltissime biciclette per lo più imperfette, senza copertoni, senza catena, alcune senza manubrio. Un nostro sergente che era partito da Tarquinia con l'autoblinda, passando poi per un paese dell'alto Lazio vide una bicicletta legata a un'inferriata davanti a un'osteria, con un cappello da contadino posato sulla sella, e fece il cambio, legando l'autoblinda al suo posto e mettendoci sopra il cappello per segnale. In Umbria smontò un momento e ci raccontò questa storia asciugandosi il sudore.

Le due colonne si salutavano allegramente, da una parte in veneto, in piemontese, in bergamasco, dall'altra nei dialetti di segno contrario. Pareva che tutta la gioventù italiana di sesso maschile si fosse messa in strada, una specie di grande pellegrinaggio di giovanotti, quasi in maschera, come quelli che vanno alla visita di leva. Guarda, pensavo; l'Europa si sbraccia a fare la guerra, e il nostro popolo organizza una festa così. Indubbiamente è un popolo pieno di risorse.

Al tramonto, camminando col sole alle spalle, comparve a oriente una specie di miraggio color oro, e Lelio mi disse che era Orvieto. Io la guardavo con la bocca spalancata, perché era veramente uno spettacolo. Mi venne in mente che anche lì era otto settembre, o dodici che fosse. Chi comandava ora, nelle città?

Camminammo un altro po', guardando questo miraggio d'oro, e poi io dissi a Lelio:

«È provincia Orvieto? lo sai tu?»

Lelio credeva di no, e io neanche.

«Sotto chi sarà?» dissi.

«Cosa vuoi che sappia io?» disse Lelio. «Sarà sotto Perugia.»

«Prendiamo il prefetto di Perugia.» dissi. «Cosa farà in questo momento?»

«Magari è in cesso,» disse Lelio.

«È una strana situazione,» dissi. «Chi comanda?»

«Andiamo a casa.» disse Lelio.

Aspettammo gli altri, che erano un po' indietro, e poi riprendendo a camminare entrammo nel pulviscolo violetto su cui galleggiava l'apparizione di Orvieto.

Si attraversava un piccolo borgo: un contadino seduto sulla porta ci chiamò: «Ehi, alpini.» Gli andammo vicino e lui disse: «Ci sono i tedeschi, dietro alla svolta, che disarmano i soldati.»

I tedeschi, pensavo; cosa c'entrano? Seccatori. Mi pare che a questo punto io avessi già perso il fucile: ma gli altri ne avevano. Il contadino disse: «Ve li tengo io i fucili, se volete. Ve li tengo bene»; e i miei compagni glieli diedero.

Dietro la svolta, i tedeschi non c'erano. C'era un ometto sui trentacinque-quaranta, senza berretto, che stava lì con la schiena voltata a Orvieto e le mani in tasca. Passandogli davanti noi dicemmo: «Buona sera.» e lui disse: «Alt.» Era lui i tedeschi.

«Avete armi?» disse quest'ometto nella sua lingua.

Volevo dirgli qualcosa di spiritoso nella sua lingua, ma non feci a tempo perché lui mi era venuto vicino e aveva cominciato a toccarmi sui fianchi. Poi a uno a uno toccò tutti gli altri.

Finalmente avevo pensato qualcosa: non era molto spiritoso, ma era il meglio che riuscii a pensare. «Cerca solo armi, o anche munizioni?» gli dissi. La lingua mi venne ottima, un po' dura. Dietro un ciuffo di piante vedevamo ora altri uomini come in veste di assistenti, che caricavano fucili su una camionetta. In una tasca dei calzoni avevo una pallottola di fucile, non una cartuccia, solo il cilindretto di piombo. Ho sempre avuto la mania, se ne trovo una, di raccoglierla. La prima volta che mi ricordo di essere stato sul greto del Piave,[19] da piccolo, a Susegana, appena arrivato giù sulla ghiaia, sulla santa ghiaia, l'Eldorado, trovai una pallottola. La raccolsi fervidamente; mi domandavo: «Che abbia ucciso un italiano, o un tedesco?» Attribuivo agli opposti eserciti, interamente composti di eroi, una mira infallibile. Eravamo dalla parte di qua del Piave, e ben presto mi accorsi che questa pallottola, certamente omicida, non poteva aver ucciso un tedesco sull'altra sponda. La deduzione mi fece letteralmente tremare. Le guerre sono bellissime al cinema muto: la gente si ammucchia di qua e di là, corre; tutti fanno gli atti di valore; il pianoforte suona «Monte Grappa[20] – tu sei la mia patria – sei la stella che addìta il Camino» (una stella, un camino che fuma: la Patria); le baionette luccicano; la gente continua a cadere: sono i Caduti. La cosa non fa né rumore, né male. Ma lì sul greto vero del Piave, con questa pallottola vera in mano, bislunga, lì dov'ero io, mi assalì l'idea che questa pallottola attraversandoti ti fa male, e muori.

Avevo il vestitino a sboffi, abbottonato per di sotto, e le scarpette di vernice.

Andai dal tedesco col pugno chiuso, e glielo apersi davanti

come per fargli una sorpresa. «La considera parte dell'armamento?» dissi. Lui non disse nulla; non era ostile, solo preoccupato e sbrigativo. Seccatori. Andammo via. I miei compagni facevano commenti:

«Se avevamo i fucili ci disarmava.»

«Che bisogno hanno di fucili? non ne hanno abbastanza?»

«Madosca!» dissi. La spiegazione mi era venuta in mente tutto a un tratto. Davvero devo essere stato uno dei più stupidi italiani in quel periodo. Se ci avessi pensato un quarto d'ora prima, col temperamento che ho, probabilmente avremmo avuto la prima vittima della resistenza in Umbria. Anziché scherzare col tedesco, mi sarei forse comportato come quando volevo attaccare baruffa sui tram. Non dico che la prima vittima sarebbe stato lui, benché fosse solo un ometto; ma si mettevano in moto sveltamente al bisogno, questo si deve riconoscerlo, io li ho visti. Però anch'io mi metto in moto sveltamente, siamo tutti svelti nella mia famiglia.

Entrando a Orvieto vedemmo su un muro un manifesto nuovo, bianco, sinistro. Non ricordo più di chi fosse, o cosa dicesse di preciso. Conteneva ingiunzioni, esortazioni e minacce a nome della Patria e dell'onore e della fedeltà all'Alleato. Immediatamente sentii un grande sollievo, vidi tutto andare perfettamente a posto, e pensai: «Sia lodato e ringraziato ogni momento il santissimo e divinissimo sacramento.»

Poi mi venne in mente Lelio, e gli dissi: «Cosa pensi?» e lui disse: «Sacramén.» cioè, credo, la stessa cosa. Gli altri tre guardavano il manifesto senza parlare. Uno finì poi brigatista, forse attirato dalla divisa appariscente, gli altri fecero i fatti loro, non trascurando verso la fine di procurarsi qualche modesto titolo presso la parte vincente. Non credo che le proporzioni numeriche siano indicative, né per l'Italia né per Vicenza; per il corso allievi, non saprei, ma credo che la gran maggioranza si sia severamente astenuta dal parteggiare. Non erano cattiva gente, forse molti sarebbero migliorati se avessero avuto il tempo di andare al reggimento.

A Orvieto c'è una stazione: e così, con qualche manovra, con qualche fughetta esterna e interna, col consenso plebiscitario del popolo italiano, nei treni, nelle stazioni, col cappello alpino ora in testa ora in tasca, andammo a casa pensando ogni tanto: «Sacramén.»

Notes

1 The shortened form of 'mandarono' is used to preserve the correct number of syllables.
2 A shortened form of 'arrivati'.
3 The Allied landing at Salerno (9 September 1943).
4 Churchill's attitude towards Italy and the Italians was hostile. It seems he was not alone – Anthony Eden, then in the Foreign Office was said to be 'almost psychopathic' about the Italians.
5 Marc Bloch: French historian, who with Lucien Febvre, founded *Annales*, the first journal of the 'New History'.
6 *représentations collectives qui préexistent*: generally established ideas/impressions (of people, institutions etc.)
7 *in pectore*: not yet declared/not yet out in the open.
8 A square near the centre of Padua.
9 Diego Valeri (1887–1976), poet and literary critic.
10 Bremen (Germany).
11 *L'è finìa*: (dialect) 'it's over'.
12 The narrator's friend.
13 Gabriele D'Annunzio, a poet and novelist, whose love of violence, cult of the Superman, and stylistic excesses made him an ideal literary figure for the Fascist regime.
14 The House of Savoy, i.e. the monarchy.
15 The area of Tuscany described is famous for its Etruscan tombs.
16 Amalasunta is a minor saint.
17 A reference to the boy protagonist of Roberto Forges Davanzati's novel *Il Balilla Vittorio*, which was a set text in Italian schools in the 1930s.
18 The region is known as 'Umbria verde'.
19 Site of famous battle in the First World War.
20 Another battle site in the First World War.

PART 2 *La scelta*

2.1 Guido Quazza, 'La scelta partigiana' from 'La guerra partigiana: proposte di ricerca', in *L'Italia nella seconda guerra mondiale e nella Resistenza*, eds Francesca Ferratini Tosi, Gaetano Grassi and Massimo Legnani (Milan, Franco Angeli, 1988), 460-466.

Guido Quazza, who fought in the Resistance, devoted most of his life to studying it, as well as making many suggestions which he hoped other scholars might follow up. Sadly, Quazza died during the latter stages of the preparation of this anthology.

Il tema delle ragioni della «scelta» resta, in ogni caso, centrale per ogni ricostruzione storica delle origini della guerra partigiana [...] Mi rifaccio qui a quella tipologia a grandi linee che più volte ho tracciato in altre occasioni e specialmente in *Resistenza e storia d'Italia*.[1] La ricerca che propongo e auspico può partire da questa traccia, a patto di considerarla non più che un'ipotesi di lavoro orientativa.

Fra i punti cardinali si può porre come primo nell'ordine la *scelta politica,* cioè quella dell'antifascismo politico del ventennio, dei «nemici di Mussolini», come li chiamò Charles Delzell.[2] Si tratta di scelta cosciente perché nasce da precise convinzioni su stato, società, obiettivi di lotta. Ha al suo interno varianti e variabili che non è difficile analizzare perché si nutre di precedenti di pensiero, sentimento e azione sui quali la documentazione scritta è ricca e nell'insieme sufficiente. Meno ricca è la conoscenza dell'attività svolta dagli antifascisti nei giorni intorno all'8 settembre e delle forme e dei modi adottati, anche per l'ovvio motivo che di scrivere subito in quei giorni non c'era né il tempo né la voglia e quanto sarà scritto dopo va sottoposto a beneficio di inventario.[3] Qualche cosa però sappiamo: che il merito (o la responsabilità, se si preferisce) di avere subito e di più insistito per la guerra partigiana è dei comunisti e di parte dei promotori del Partito d'azione. Fra i secondi Ferruccio Parri con la proposta di armarsi fatta già in anticipo, nella riunione fiorentina del Partito d'azione tenutasi all'inizio di settembre, e Duccio Galimberti e Livio Bianco, con l'andare subito in montagna, a Madonna del Colletto. I comunisti, insistendo dapprima su una guerra di classe e di partito, mentre Parri voleva la guerra patriottica, da prepararsi con serietà «tecnica» (ancora lo sosteneva nel novembre-dicembre 1943). In ogni caso, gli uni e gli altri d'accordo sulla guerra di popolo (tutti sappiamo dell'incontro del 3 novembre a Certenago, fra Parri e Valiani da parte italiana e McCaffery da parte alleata, nel quale i primi respingono l'insistenza del secondo sulla formula di piccoli nuclei di sabotatori). Non stupisce che a Parri, figlio di un mazziniano[4] e lui stesso mazziniano, piacesse tanto il concetto di guerra di popolo. Ma Parri era anche stato uno dei combattenti più coraggiosi (tre medaglie al valore) della prima guerra mondiale e uno degli estensori del piano strategico che preparò la vittoria finale di quel conflitto, perciò un professionista della guerra regolare, e lo si può assumere dunque come il prototipo della scelta di rischio con i due connotati della consapevolezza e della volontà e capacità di durata. La sua convinzione che un esercito partigiano improvvisato non potesse poi reggere ad una azione dotata di questi requisiti è la roccia sulla quale si fonda tutta la Resistenza armata.

Più appassionatamente consci dell'esigenza politica nella scelta della guerriglia sono, fra gli azionisti, Valiani, Galimberti, Livio Bianco e, con tutta la forza della dottrina e della tradizione terzinternazionalista e dell'esempio jugoslavo, fra i comunisti, Pietro Secchia e Luigi Longo, i quali, con l'aiuto della situazione, presto vinceranno la discussione impegnata con loro da Parri. Una discussione troppo nota perché io debba qui riprenderla, ma il cui senso deve essere ricordato come il fondamento di ogni discorso sulla guerra partigiana: la guerra di popolo non può essere se non una guerra politica, poiché senza un alto grado di coscienza politica non c'è che la guerra regolare, la guerra tradizionale.

Se queste cose sono troppo conosciute – dicevo – per soffermarvisi, un panorama nazionale sistematico manca, e siamo ancora ai calcoli e agli elenchi di Secchia, che parlano di un 10–15 per cento di antifascisti politici nell'insieme dei combattenti partigiani. Il criterio di una classificazione che aiuti il lavoro di raccolta dei nomi con qualche pretesa di razionalità interpretativa potrebbe essere quello della combinazione fra il parametro della provenienza sociale dei primi partigiani e il grado dello sviluppo militare del conflitto su scala mondiale, aggiungendovi le specifiche verifiche della presenza di truppe della RSI e tedesche in loco. Poi, per il 1944, si dovrebbe tener presente l'interdipendenza fra reclutamento da parte delle bande ed effetti del circolo azioni armate-rappresaglie.[5] Altrettanto chiaro è che per tutto il periodo permane grande la differenza rispetto al 1848, al 1859, al 1866,[6] per l'assenza, in gran parte del territorio e del tempo, d'un esercito amico col quale concordare iniziative d'attacco e difesa. Ed è bene non dimenticare il richiamo che già ho fatto: le scelte delle settimane dopo l'8 settembre soprattutto, ma, con minore assolutezza, anche quelle successive, sono frutto in primo luogo di assunzione individuale del rischio sullo sfondo di una situazione in cui non si poteva ancora giurare, e in effetti non si giurava, sulla sicurezza della vittoria alleata.

È a questo punto che forse può dare il meglio della propria efficacia ermeneutica e il massimo della propria pregnanza valutativa la *querelle* sulla «guerra civile». Col massimo della sua pregnanza perché induce a sottolineare al suo più alto grado la consapevolezza; e una consapevolezza che abbia a sua materia costitutiva la guerra di popolo intesa come guerra politica non può eludere la prospettiva della guerra civile. Nel senso, a me pare chiaro, di guerra per la civiltà, cioè per una concezione del vivere civile che vede nel fascismo e nel nazismo la propria totale negazione. Voglio ricordare che non a caso questa espressione «guerra civile» fu presente ai partigiani più consapevoli, che già nel 1943-1945, durante la lotta, ne scrissero e parlarono, ma anche ai partigiani più istintivi, quelli della scelta esistenziale di cui tratterò più avanti, i quali sentivano, e dicevano, di avere di fronte come nemico massimo, «totale», il fascista. E non è un caso che, dopo la liberazione, furono invece i fascisti ad adottarla. Li spingeva, dopo la sconfitta, il desiderio di porsi come interlocutori protagonisti, di mettersi sullo stesso piano dei «vincitori» e poterli accusare d'aver provocato non già una guerra per la civiltà, ma una guerra civile nel senso più tradizionale e ristretto di guerra tra due fazioni per la conquista del governo dello stato ... una guerra che nel momento specifico era combattuta con eguali diritti tra italiani e italiani, dunque – ecco il punto – una guerra fratricida. L'uso fascista dell'espressione trovava un avallo, anche se non esplicito, nel rifiuto stesso della Chiesa cattolica a servirsi di essa, perché il rifiuto era ambiguo in quanto dettato dalla speranza di evitare l'accusa di avere convalidato di fatto la violenza di entrambe le parti e di essere stata tiepida quando non ostile verso la guerra partigiana per «paura dei rossi». E, in ogni caso, il rifiuto le consentiva di non motivare, dopo quindici anni di precedente collaborazione ufficiale col fascismo, la decisione d'avere lasciato ai singoli suoi fedeli di scegliere quale atteggiamento assumere.

Le motivazioni dei nostalgici di Mussolini e della RSI e quelle dei cattolici impedirono per decenni – non c'è dubbio – un dibattito sereno sul tema «guerra civile». Qui non intendo fermarmi su di esso. Tuttavia, proprio nella prospettiva adottata per questo contributo, insisto sull'importanza di una ricerca sistematica delle varie accezioni assunte dall'espressione «guerra civile» nel corso di quarant'anni. Mi sembra problema storico di grande interesse, sia perché consente di ripercorrere proprio il rapporto fra storiografia e politica [...] sia perché è un modo stimolante per riscrivere un capitolo centrale della storia italiana recente, il capitolo della nascita e della crescita di questa Repubblica nella quale viviamo, capitolo non separabile dalla storia stessa della guerra partigiana, la quale non è fatta solo di quei venti mesi, ma è anche – come spesso ho insistito e continuo ad insistere a dire, e ormai mi pare accettato da gran parte delle persone – la storia d'Italia del *prima* e del *poi,* alla quale si può e si deve applicare con sicura efficacia la via interdisciplinare, quel secondo binario prima indicato.

Ciò detto, voglio però ribadire, prima ancora di conoscere l'esito di una ricerca sistematica come quella proposta, i due punti principali già emersi dalle precedenti considerazioni: 1. La consapevolezza che si trattasse di guerra civile, o anche di guerra civile, è rintracciabile con facilità in scritti del 1943–1945, specialmente di parte azionista e comunista, ma non soltanto; 2. il testimone, chi «c'era», come chi scrive, non può avere dubbi sul fatto che nella coscienza di ogni combattente partigiano era profondamente anche se non sempre spiegatamente presente la consapevolezza che il rischio tanto più valesse la pena d'essere affrontato con volontà e capacità di durata quanto più la posta coinvolgeva tutta la sorte del combattente e con esso del cittadino italiano e non solo italiano: la sorte dell'uomo nel suo rapporto con la società, con lo stato, con la convivenza fra i popoli, e perciò l'uomo intero come singolo e come membro d'un collettivo nel proprio confronto complessivo con la vita nelle sue stesse «cause». Non è un caso, del resto, che fra i partigiani più colti non mancasse addirittura l'uso dell'espressione «guerra di opposte religioni».

Voglio, anzi, sottolineare con ferma sicurezza anche qui che la consapevolezza di questa posta costituì il nucleo essenziale del secondo tipo di scelta della guerriglia: la *scelta esistenziale.* Per esistenziale – come scrissi più volte nell'ultimo ventennio, in particolare in *Resistenza e storia d'Italia*, e in vari discorsi ripetei di recente – intendo non soltanto l'atteggiamento di molti singoli dettato da situazioni individuali, perciò di fatto e principalmente di giovani studenti e/o figli della piccola borghesia che erano stati captati dal fascismo, ma che nel corso del conflitto, prima dell'8 settembre o in quel momento, avevano capito o almeno sentito che era un'altra ormai la strada da scegliere. Alcuni l'avevano capito o sentito gradualmente, attraverso un'esperienza maturata giorno per giorno, collegata non soltanto al sempre più evidente disfacimento del regime, ma anche e soprattutto alle «controprove», alle «delusioni» che il regime aveva dato rispetto alle promesse fatte. In altri, i meno avvertiti, la conversione era stata fatta esplodere dal risveglio del re, cioè dal 25 luglio, dalla rottura clamorosa dell'alleanza tra Mussolini e monarchia e apparati dello stato tradizionale, e dallo sciogliersi come neve al sole di quello che sembrava un regime solido fondato sulla forza e sul consenso. Ecco perché preferisco il termine esistenziale: perché individua bene quello che – non dimentichiamolo – fu un «processo», il processo, *a parte objecti,* da una posizione che nasce nel privato ma si sviluppa e sostanzia del rapporto con la situazione degli «altri» per diventare pubblica.

Il termine consente inoltre di spiegare *a parte subjecti* il carattere vitale della scelta partigiana, perché coglie anche il *durante* e il *dopo* della maturazione individuale del combattente, nel momento della scelta e nel corso della lotta, giungendo a costruire quella straordinaria assimilazione e identificazione del privato nel pubblico e viceversa che fa del partigiano un esempio inconfondibile di tipo umano destinato a restare come modello di confronto o di contraddizione nella storia della Repubblica. L'imprecisione di aggettivi, come privato e pubblico, diventati sostantivi è evidente, ma si tratta di imprecisione che negli ultimi anni, lo vediamo bene, è stata assunta come parte integrante di una discussione che ha coinvolto tutti, non solo in Italia. E allora giova ricordarne quel lontano punto di partenza che fu la scelta attiva dopo l'8 settembre e il suo sostanziarsi, con la «disinteressata» assunzione di responsabilità e di rischio e con la volontà di durare, in caratteri di tale intensità e ampiezza da assumere la capacità storica di qualificare un «valore». Può far sorridere chi sia vissuto in tempi di pace – non tornerebbe però ad onore della sua penetrazione umana – che quel «processo» del quale ora scrivevo dettasse nel suo stesso corso regole di valutazione dei gradi di approssimazione al «modello». Ma la lotta stessa, con i suoi tremendi costi, spingeva, fra i partigiani, a fissare una più o meno esplicita (in generale molto esplicita) graduatoria di «purezza». Ed è utile anche all'oggi sapere che si trattava di una gerarchia stabilita in prima scala con riferimento al tempo nel quale era stata fatta la scelta: e chi aveva scelto prima era senz'ombra di dubbio considerato più vicino all'ideal-tipo del combattente della guerriglia. Guerriglia da noi, non meno che negli altri paesi nei quali nacque e si sviluppò, così pericolosa anche nell'imprevedibilità dei suoi andamenti e procedimenti. Accanto a questo criterio di anzianità, vigeva anche il criterio della intensità ed ampiezza della presenza nell'azione, ma è vero che per lo più intensità ed ampiezza nell'azione erano proporzionali all'anzianità. La consapevolezza, elemento centrale per ogni giudizio, era stata e continuava ad essere prevalentemente congiunta alla data di «entrata» nella lotta armata. Non era un caso che si fosse attenti, allora, a tener conto, già negli interrogatori con i quali si vagliava la genuinità della decisione dei nuovi arrivati di «venire in banda», di quegli elementi che potevano rendere meno profonda, più «interessata», la decisione: ad esempio, la contiguità con l'uscita dei bandi di richiamo e reclutamento, non avari lo sappiamo, di minacce di morte o di rappresaglia sui familiari; il crescendo dei rastrellamenti di manodopera per la Todt e direttamente per la Germania; l'accrescersi dei casi sui quali l'essere ebrei e quindi perseguitati o perseguibili per ragioni razziali rendeva più «oggettiva», e perciò più fragile moralmente e politicamente, la richiesta di essere accettati fra i partigiani. Inoltre, via via che il tempo passava e la vittoria alleata e partigiana sembrava avvicinarsi, i *veci* erano portati a tenere in maggior conto come criterio di valutazione della «purezza» lo spettro della «sesta giornata», cioè il sospetto che chi veniva nell'estate del 1944 o all'inizio della primavera del 1945 facesse il troppo facile calcolo di acquistarsi titoli di merito per il dopo.

Se, dunque, non mancano ragioni perché lo storico non trascuri la natura di «processo» sia dell'acquisizione della consapevolezza sia della crescita di essa col crescere dell'esperienza partigiana, forse sarebbe produttiva di risultati anche una ricerca condotta sui percorsi biografici dei partigiani fra il prima, il durante e il dopo, fra l'«ordinario» e l'«extraordinario», il normale della «continuità» e l'eccezionale della «rottura».

Una tipologia delle scelte che dia ragione della complessità del sociale nella guerra partigiana e stringa insieme i concetti di guerra di popolo e di guerra civile deve comprendere nell'antifascismo *esistenziale* anche le scelte antifasciste degli operai. In primo luogo (analogamente a quanto ho scritto degli studenti e dei figli della piccola borghesia di città e di campagna), dei giovani specialmente, che per età erano meno direttamente depositari della memoria storica collettiva delle grandi lotte fra padroni e lavoratori nell' Italia prefascista. Sul problema della sopravvivenza nel ventennio di questa memoria collettiva molto si è scritto e non sto qui a rievocarlo. Mi pare tuttavia necessario, anche in questo campo, avvalersi ora, di là dagli interessi contingenti di partito e dalla prassi della più gretta storiografia politica, di tutta la ricca strumentazione offerta dalla pratica interdisciplinare della storiografia più sensibile.

La ricerca, per lunghi anni veramente troppo assorbita dalle dispute tra i partiti e i movimenti, deve ora andare per questa strada. E allora saranno confermati, col prima, col durante, col dopo, gli spunti, che mi è parso dover lanciare dieci anni fa, sul carattere più esistenziale che pienamente e consapevolmente politico di quella che in termini marxisti viene chiamata la lotta di classe, la lotta della classe operaia contro il fascismo stesso a partire dagli scioperi del marzo 1943.

2.2 Giaime Pintor, 'L'ultima lettera', in *Il sangue d'Europa*, ed. Valentino Gerratana (Turin, Einaudi, 1975), 185–188.

Pintor died on the 1st December 1943, blown up by a German mine at Castelnuovo al Volturno whilst trying to cross the enemy lines. This 'ultima lettera' is one of the most well-known documents of the Resistance period.

Per mio fratello.

Napoli, 28 novembre 1943

Carissimo,

Parto in questi giorni per un'impresa di esito incerto: raggiungere gruppi di rifugiati nei dintorni di Roma, portare loro armi e istruzioni. Ti lascio questa lettera per salutarti nel caso che non dovessi tornare e per spiegarti lo stato d'animo in cui affronto questa missione. I casi particolari che l'hanno preceduta sono di un certo interesse biografico, ma sono troppo complicati da riferire: qualcuno degli amici che è da questa parte vi potrà raccontare come nella mia fuga da Roma sia arrivato nei territori controllati da Badoglio, come abbia passato a Brindisi dieci pessimi giorni presso il Comando Supremo e come, dopo essermi convinto che nulla era cambiato tra i militari, sia riuscito con una nuova fuga a

51

raggiungere Napoli. Qui mi è stato facile fra gli amici politici e i reduci dalla emigrazione trovare un ambiente congeniale e ho contribuito a costituire un Centro Italiano di Propaganda che potrebbe avere una funzione utile e che mi ha riportato provvisoriamente alle mie attività normali e a un ritmo di vita pacifico. Ma in tutto questo periodo è rimasta in sospeso la necessità di partecipare più da vicino a un ordine di cose che non giustifica i comodi metodi della guerra psicologica; e l'attuale irrigidirsi della situazione militare, la prospettiva che la miseria in cui vive la maggior parte degli italiani debba ancora peggiorare hanno reso più urgente la decisione. Così, dopo il fallimento, per ragioni indipendenti dalla nostra volontà, di altri progetti più ambiziosi ma non irragionevoli, ho accettato di organizzare una spedizione con un gruppo di amici. È la conclusione naturale di quest'ultima avventura, ma soprattutto il punto d'arrivo di un'esperienza che coinvolge tutta la nostra giovinezza.

In realtà la guerra, ultima fase del fascismo trionfante, ha agito su di noi più profondamente di quanto risulti a prima vista. La guerra ha distolto materialmente gli uomini dalle loro abitudini, li ha costretti a prendere atto con le mani e con gli occhi dei pericoli che minacciano i presupposti di ogni vita individuale, li ha persuasi che non c'è possibilità di salvezza nella neutralità e nell'isolamento. Nei più deboli questa violenza ha agito come una rottura degli schemi esteriori in cui vivevano: sarà la «generazione perduta», che ha visto infrante le proprie «carriere»; nei più forti ha portato una massa di materiali grezzi, di nuovi dati su cui crescerà la nuova esperienza. Senza la guerra io sarei rimasto un intellettuale con interessi prevalentemente letterari: avrei discusso i problemi dell'ordine politico, ma soprattutto avrei cercato nella storia dell'uomo solo le ragioni di un profondo interesse, e l'incontro con una ragazza o un impulso qualunque alla fantasia avrebbero contato per me più di ogni partito o dottrina. Altri amici, meglio disposti a sentire immediatamente il fatto politico, si erano dedicati da anni alla lotta contro il fascismo. Pur sentendomi sempre più vicino a loro, non so se mi sarei deciso a impegnarmi totalmente su quella strada: c'era in me un fondo troppo forte di gusti individuali, d'indifferenza e di spirito critico per sacrificare tutto questo a una fede collettiva. Soltanto la guerra ha risolto la situazione, travolgendo certi ostacoli, sgombrando il terreno da molti comodi ripari e mettendomi brutalmente a contatto con un mondo inconciliabile.

Credo che per la maggior parte dei miei coetanei questo passaggio sia stato naturale: la corsa verso la politica è un fenomeno che ho constatato in molti dei migliori, simile a quello che avvenne in Germania quando si esaurì l'ultima generazione romantica. Fenomeni di questo genere si riproducono ogni volta che la politica cessa di essere ordinaria amministrazione e impegna tutte le forze di una società per salvarla da una grave malattia, per rispondere a un estremo pericolo. Una società moderna si basa su una grande varietà di specificazioni, ma può sussistere soltanto se conserva la possibilità di abolirle a un certo momento per sacrificare tutto a un'unica esigenza rivoluzionaria. È questo il senso morale, non tecnico, della mobilitazione: una gioventù che non si conserva «disponibile», che si perde completamente nelle varie tecniche, è compromessa. A un certo momento gli intellettuali devono essere capaci di trasferire la loro esperienza sul terreno dell'utilità comune, ciascuno deve sapere prendere il suo posto in una organizzazione di combattimento.

Questo vale soprattutto per l'Italia. Parlo dell'Italia non perché mi stia più a cuore della Germania o dell'America ma perché gli italiani sono la parte del genere umano con cui mi trovo naturalmente a contatto e su cui posso agire più facilmente. Gli italiani sono un popolo fiacco, profondamente corrotto dalla sua storia recente, sempre sul punto di cedere a una viltà o a una debolezza. Ma essi continuano a esprimere minoranze rivoluzionarie di prim'ordine: filosofi e operai che sono all'avanguardia d'Europa. L'Italia è nata dal pensiero di pochi intellettuali: il Risorgimento, unico episodio della nostra storia politica, è stato lo sforzo di altre minoranze per restituire all'Europa un popolo di africani e di levantini. Oggi in nessuna nazione civile il distacco fra le possibilità vitali e la condizione attuale è così grande: tocca a noi di colmare questo distacco e di dichiarare lo stato d'emergenza.

Musicisti e scrittori dobbiamo rinunciare ai nostri privilegi per contribuire alla liberazione di tutti. Contrariamente a quanto afferma una frase celebre, le rivoluzioni riescono quando le preparano i poeti e i pittori, purché i poeti e i pittori sappiano quale deve essere la loro parte. Vent'anni fa la confusione dominante poteva far prendere sul serio l'impresa di Fiume.[7] Oggi sono riaperte agli italiani tutte le possibilità del Risorgimento: nessun gesto è inutile purché non sia fine a se stesso. Quanto a me, ti assicuro che l'idea di andare a fare il partigiano in questa stagione mi diverte pochissimo; non ho mai apprezzato come ora i pregi della vita civile e ho coscienza di essere un ottimo traduttore e un buon diplomatico, ma secondo ogni probabilità un mediocre partigiano. Tuttavia è l'unica possibilità aperta e l'accolgo.

Se non dovessi tornare non mostratevi inconsolabili. Una delle poche certezze acquistate nella mia esperienza è che non ci sono individui insostituibili e perdite irreparabili. Un uomo vivo trova sempre ragioni sufficienti di gioia negli altri uomini vivi, e tu che sei giovane e vitale hai il dovere di lasciare che i morti seppelliscano i morti. Anche per questo ho scritto a te e ho parlato di cose che forse ti sembrano ora meno evidenti ma che in definitiva contano più delle altre. Mi sarebbe stato difficile rivolgere la stessa esortazione alla mamma e agli zii, e il pensiero della loro angoscia è la più grave preoccupazione che abbia in questo momento. Non posso fermarmi su una difficile materia sentimentale, ma voglio che conoscano la mia gratitudine: il loro affetto e la loro presenza sono stati uno dei fattori positivi principali nella mia vita. Un'altra grande ragione di felicità è stata l'amicizia, la possibilità di vincere la solitudine istituendo sinceri rapporti fra gli uomini. Gli amici che mi sono stati più vicini, Kamenetzki, Balbo, qualcuna delle ragazze che ho amato, dividono con voi questi sereni pensieri e mi assicurano di non avere trascorso inutilmente questi anni di giovinezza.

Giaime

Italo Calvino, 'Il commissario Kim e il comandante Ferriera', in *Il sentiero dei nidi di ragno* (Milan, Mondadori, 1991), 103–107.

This discussion, between the two partisans Kim and Ferriera, is from Calvino's first novel *Il sentiero dei nidi di ragno*. Kim is a politically-committed middle-class student, similar in many ways to Pintor. His colleague, Ferriera, is a long-standing, working-class anti-fascist. As such, they would appear to fit rather neatly into Quazza's classification. Kim tries to explain to Ferriera what it is that drives the partisan band, led by Dritto, that they have just visited. His arguments are, to say the least, nebulous. But, this is precisely the point. The reasons why people joined were frequently unclear. Their motives were sometimes admirable, sometimes selfish. Whatever is the case, Quazza's notion of 'antifascismo esistenziale', with its essentially subjective quality, would appear to be readily applicable here.

Ora il commissario Kim e il comandante Ferriera camminano soli per la montagna buia, diretti ad un altro accampamento.

«Ti sei convinto che è uno sbaglio, Kim?» dice Ferriera.

Kim scuote il capo: «Non è uno sbaglio.» dice.

«Ma sì. – fa il comandante. – È stata un'idea sbagliata la tua, di fare un distaccamento tutto di uomini poco fidati, con un comandante meno fidato ancora. Vedi quello che rendono. Se li dividevamo un po' qua un po' là in mezzo ai buoni era più facile che rigassero dritti.»

Kim continua a mordersi i baffi: «Per me, – dice – questo è il distaccamento di cui sono più contento.»

Ci manca poco che Ferriera perda la sua calma: alza gli occhi freddi e si gratta la fronte: « Ma Kim, quando la capirai che questa è una brigata d'assalto, non un laboratorio d'esperimenti? Capisco che avrai le tue soddisfazioni scientifiche a controllare le reazioni di questi uomini, tutti in ordine come li hai voluti mettere, proletariato da una parte, contadini dall'altra, poi sottoproletari come li chiami tu … Il lavoro politico che dovresti fare, mi sembra, sarebbe di metterli tutti mischiati e dare coscienza di classe a chi non l'ha e raggiungere questa benedetta unità … Senza contare il rendimento militare, poi …»

Kim ha difficoltà a esprimersi, scuote il capo: «Storie, – dice – storie. Gli uomini combattono tutti, c'è lo stesso furore in loro, cioè non lo stesso, ognuno ha il suo furore, ma ora combattono tutti insieme, tutti ugualmente, uniti. Poi c'è il Dritto, c'è Pelle …[8] Tu non capisci quanto loro costi … Ebbene anche loro, lo stesso furore … Basta un nulla per salvarli o per perderli … Questo è il lavoro politico … Dare loro un senso …»

Quando discute con gli uomini, quando analizza la situazione, Kim è terribilmente chiaro, dialettico. Ma a parlargli così, a quattr'occhi, per fargli esporre le sue idee, c'è da farsi venire le vertigini. Ferriera vede le cose più semplici: «Ben, diamoglielo questo senso, quadriamoli un po' come dico io.»

Kim si soffia nei baffi: «Questo non è un esercito, vedi, da dir loro: questo è il dovere. Non puoi parlar di dovere qui, non puoi parlare di ideali: patria, libertà, comunismo. Non ne vogliono sentir parlare di ideali, gli ideali son buoni tutti ad averli, anche dall'altra parte ne hanno di ideali. Vedi cosa succede quando quel cuoco estremista comincia le sue prediche? Gli gridano contro, lo prendono a botte. Non hanno bisogno di ideali, di miti, di evviva da gridare. Qui si combatte e si muore così, senza gridare evviva.»

«E perché allora?» Ferriera sa perché combatte, tutto è perfettamente chiaro in lui.

«Vedi, – dice Kim – a quest'ora i distaccamenti cominciano a salire verso le postazioni, in silenzio. Domani ci saranno dei morti, dei feriti. Loro lo sanno. Cosa li spinge a questa vita, cosa li spinge a combattere, dimmi? Vedi, ci sono i contadini, gli abitanti di queste montagne, per loro è già più facile. I tedeschi bruciano i paesi, portano via le mucche. È la prima guerra umana la loro, la difesa della patria, i contadini hanno una patria. Così li vedi con noialtri, vecchi e giovani, con i loro fucilacci e le cacciatore di fustagno, paesi interi che prendono le armi; noi difendiamo la loro patria, loro sono con noi. E la patria diventa un ideale sul serio per loro, li trascende, diventa la stessa cosa della lotta: loro sacrificano anche le case, anche le mucche pur di continuare a combattere. Per altri contadini invece la patria rimane una cosa egoistica: casa, mucche, raccolto. E per conservare tutto diventano spie, fascisti;

interi paesi nostri nemici ... Poi, gli operai. Gli operai hanno una loro storia di salari, di scioperi, di lavoro e lotta a gomito a gomito. Sono una classe, gli operai. Sanno che c'è del meglio nella vita e che si deve lottare per questo meglio. Hanno una patria anche loro, una patria ancora da conquistare, e combattono qui per conquistarla. Ci sono gli stabilimenti giù nelle città, che saranno loro; vedono già le scritte rosse sui capannoni e bandiere alzate sulle ciminiere. Ma non ci sono sentimentalismi, in loro. Capiscono la realtà e il modo di cambiarla. Poi c'è qualche intellettuale o studente, ma pochi, qua e là, con delle idee in testa, vaghe e spesso storte. Hanno una patria fatta di parole, o tutt'al più di qualche libro. Ma combattendo troveranno che le parole non hanno più nessun significato, e scopriranno nuove cose nella lotta degli uomini e combatteranno così senza farsi domande, finché non cercheranno delle nuove parole e ritroveranno le antiche, ma cambiate, con significati insospettati. Poi chi c'è ancora? Dei prigionieri stranieri, scappati dai campi di concentramento e venuti con noi; quelli combattono per una patria vera e propria, una patria lontana che vogliono raggiungere e che è patria appunto perché è lontana. Ma capisci che questa è tutta una lotta di simboli, che uno per uccidere un tedesco deve pensare non a quel tedesco ma a un altro, con un gioco di trasposizioni da slogare il cervello, in cui ogni cosa o persona diventa un'ombra cinese, un mito?»

Ferriera arriccia la barba bionda; non vede nulla di tutto questo, lui.

«Non è così.» dice.

«Non è così, – continua Kim – lo so anch'io. Non è così. Perché c'è qualcos'altro, comune a tutti, un furore. Il distaccamento del Dritto: ladruncoli, carabinieri, militi, borsaneristi, girovaghi. Gente che s'accomoda nelle piaghe della società e s'arrangia in mezzo alle storture, che non ha niente da difendere e niente da cambiare. Oppure tarati fisicamente, o fissati, o fanatici. Un'idea rivoluzionaria in loro non può nascere, legati come sono alla ruota che li macina. Oppure nascerà storta, figlia della rabbia, dell' umiliazione, come negli sproloqui del cuoco estremista. Perché combattono, allora? Non hanno nessuna patria, né vera né inventata. Eppure tu sai che c'è coraggio, che c'è furore anche in loro. È l'offesa della loro vita, il buio della loro strada, il sudicio della loro casa, le parole oscene imparate fin da bambini, la fatica di dover essere cattivi. E basta un nulla, un passo falso, un impennamento dell'anima e ci si trova dall'altra parte, come Pelle, dalla brigata nera, a sparare con lo stesso furore, con lo stesso odio, contro gli uni o contro gli altri, fa lo stesso.»

Ferriera mugola nella barba: «Quindi, lo spirito dei nostri ... e quello della brigata nera ... La stessa cosa? ...»

«La stessa cosa, intendi cosa voglio dire, la stessa cosa ... – Kim s'è fermato e indica con un dito come se tenesse il segno leggendo; – la stessa cosa ma tutto il contrario. Perché qui si è nel giusto, là nello sbagliato. Qua si risolve qualcosa, là ci si ribadisce la catena. Quel peso di male che grava sugli uomini del Dritto, quel peso che grava su tutti noi, su me, su te, quel furore antico che è in tutti noi, e che si sfoga in spari, in nemici uccisi, è lo stesso che fa sparare i fascisti, che li porta a uccidere con la stessa speranza di purificazione, di riscatto. Ma allora c'è la storia. C'è che noi, nella storia, siamo dalla parte del riscatto, loro dall'altra. Da noi, niente va perduto, nessun gesto, nessuno sparo, pur uguale al loro, m'intendi? uguale al loro, va perduto, tutto servirà se non a liberare noi a liberare i nostri figli, a costruire un'umanità senza più rabbia, serena, in cui si possa non essere cattivi. L'altra è la parte dei gesti perduti, degli inutili furori, perduti e inutili anche se vincessero, perché non fanno storia, non servono a liberare ma a ripetere e perpetuare quel furore e quell'odio, finché dopo altri venti o cento o mille anni si tornerebbe così, noi e loro, a combattere con lo stesso odio anonimo negli occhi e pur sempre, forse senza saperlo, noi per redimercene, loro per restarne schiavi. Questo è il significato della lotta, il significato vero, totale, al di là dei vari significati ufficiali. Una spinta di riscatto umano, elementare, anonimo, da tutte le nostre umiliazioni: per l'operaio dal suo sfruttamento, per il contadino dalla sua ignoranza, per il piccolo borghese dalle sue inibizioni, per il paria dalla sua corruzione. Io credo che il nostro lavoro politico sia questo, utilizzare anche la nostra miseria umana, utilizzarla contro se stessa, per la nostra redenzione, così come i fascisti utilizzano la miseria per perpetuare la miseria, e l'uomo contro l'uomo.»

Di Ferriera, nel buio, si vedono l'azzurro degli occhi e il biondo della barba: scuote il capo. Lui non conosce il furore: è preciso come un meccanico e pratico come un montanaro, la lotta è una macchina esatta per lui, una macchina di cui si sa il funzionamento e lo scopo.

«Pare impossibile, – dice – pare impossibile che con tante balle in testa tu sappia fare il commissario come si deve e parlare agli uomini con tanta chiarezza.»

A Kim non dispiace che Ferriera non capisca: agli uomini come Ferriera si deve parlare con termini esatti, «a, bi, ci» si deve dire, le cose sono sicure o sono «balle», non ci sono zone ambigue ed oscure per loro. Ma Kim non pensa questo perché si creda superiore a Ferriera: il suo punto d'arrivo è poter ragionare come Ferriera, non aver altra realtà all'infuori di quella di Ferriera, tutto il resto non serve.

«Ben. Ti saluto.» Sono giunti a un bivio. Ora Ferriera andrà dal Gamba e Kim da Baleno. Devono ispezionare tutti i distaccamenti quella notte, prima della battaglia e bisogna che si separino.

2.4 Mirella Alloisio and Giuliana Beltrami, 'Ma abbiamo scelto la Resistenza', in *Volontarie della Libertà* (Milan, Mazzotta, 1981), 23–26.

Since the 1970s there have been a large number of studies published on the role of women in the Resistance. This passage gives a good introduction to the question of the 'Resistance choice' made by women.

a fragment of a group

[…] Sono dunque le donne che nascondono i dirigenti politici, che salvano gli sbandati, mettendo in moto la loro fantasia, il loro senso istintivo di abnegazione; con questi atti conservano per la Resistenza quelli che la dirigeranno politicamente e militarmente e procurano la forza numerica giovanile indispensabile a una guerra guerreggiata. C'è senza dubbio nei gesti e nelle azioni delle donne qualcosa di irrazionale, che non ha radici in una posizione intellettuale o in una coscienza di classe, ma quanto si può dire vi sia stato di ragionato nella decisione di tanti giovani uomini che scelgono la montagna? Se guardiamo al formarsi delle prime bande sui colli dell'Appennino o delle Prealpi, vediamo agli inizi prevalere l'elemento spontaneo: era inevitabile che i giovani costretti a vivere alla macchia si unissero per organizzare una sopravvivenza prima, poi per difendersi da eventuali incursioni tedesche e infine fu inevitabile che dalla difensiva passassero all'offensiva. Allo stesso modo le donne che avevano aiutato quei «poveri ragazzi» ad abbandonare la guerra, al primo delinearsi della Resistenza armata, combattono anch'esse quella che più tardi chiameranno «guerra alla guerra». È forse una ribellione istintiva contro situazioni che colpivano non soltanto loro, ma quelli che amavano, stimolando il loro istinto materno. È la reazione alla miseria alla prepotenza, all'ingiustizia che ormai hanno toccato con mano: «Soprattutto perché vedevo gli operai, i contadini del mio paese che facevano la Resistenza e allora mi dicevo che se la facevano loro, era segno che la facevano per una cosa importante; facevano la guerra volontariamente per una cosa importante per dopo, perché dopo sarebbe cambiato per loro e quindi anche per me.»

«Nella Resistenza sono entrata senza rendermene conto, organizzando l'evasione dai carri-bestiame di alcuni nostri soldati avviati ai campi di concentramento. Questo accadeva al molo A della banchina ferroviaria di Venezia e questo lavoro era stato organizzato da un gruppo di operai della Vetrocoke di Porto Marghera, dove io lavoravo da qualche mese. Poi quando mi chiesero di operare come agente di collegamento tra le brigate di pianura e di città e il CLN, accettai».

Motivazioni di classe, pacifiste, umanitarie, fatte non sempre al seguito di un uomo, marito, padre o fidanzato che fosse, anzi furono parecchie quelle che arrivarono alla scelta per conto loro.

«Avevo un viscerale desiderio di libertà di pensiero che durante il fascismo sentivo soffocato. Non sono entrata nella Resistenza per una situazione familiare; mia madre, una donna meravigliosa rimasta vedova giovanissima con due bambine, mi aveva fatto crescere con un senso di rettitudine e di indipendenza, ma non fui spinta da nessuno. Spontaneamente sono entrata con piccole mansioni in un gruppo di cui faceva parte un ragazzo che era legato alla brigata GL Trentin».

Ci sono donne che si trascinano dietro l'uomo o addirittura molti uomini: Itala Slitti, un'operaia della San Giorgio a Sestri Ponente, coinvolge nella lotta il marito e i figli e organizza un primo nucleo di donne; Virginia Tonelli (medaglia d'oro alla memoria, arsa viva dai tedeschi nella risiera di San Sabba) organizza la lotta armata a Castelnuovo nel Friuli; Lucia Sarzi convince a entrare nella cospirazione un gran numero di persone tra i quali i fratelli Cervi e altrettanto fa Bianca Sedani in un'altra zona dell'Emilia. Sorgono ovunque straordinarie animatrici.

Molte donne partecipano alla Resistenza perché sono motivate sul piano personale e c'è anche la scoperta della possibilità di entrare in un mondo fino ad allora precluso alle donne, per vivere una volta «da uomini»; aspirazione che, se oggi può apparire piattamente «paritaria» contiene, in questo passaggio che è obbligato, data la situazione di partenza, una forte necessità di liberazione personale, anche se la coscienza di ciò appare chiara soltanto oggi.

Le donne aprono gli occhi e si guardano in giro. «Quando i militari abbandonavano le caserme, passavano a decine su questi monti e noi donne li aiutavamo procurando loro i vestiti. Qualche settimana dopo incominciammo a vedere, la sera tardi, sui monti dei fuochi accesi; le voci dicevano: «Sono i ribelli». Questa parola dapprima mi faceva paura, poi mi feci spiegare che cosa significava e decisi subito che ci sarei andata anch'io. Nei primi tempi le donne non le volevano, dicevano che non erano buone a niente. Poi hanno capito che non potevano fare a meno di noi, mi hanno accettato e finalmente mi sono sentita qualcuno.»

Altre partirono più tardi, quando già potevano essere attirate dall'alone di leggenda che circondava le gesta dei partigiani sulle montagne. Così Maria Cadonna, della quale si possono leggere in dettaglio le avventure in un esposto conservato al Museo del Risorgimento di Trento. Sono scritte in uno stile epico primitivo che risulta curiosamente avvincente. Iniziano così: «La ricorrente incominciò la vita partigiana il giorno 8 agosto '44, abbandonando la propria casa paterna senza dare alcun avviso ai suoi familiari, e siccome da molti mesi prima segretamente cullava nella sua anima il desiderio di essere utile alla sua patria in quel momento subentrò la frenesia e insalutata ospite affrontando l'avventura viaggiando senza nessuna scorta d'alimenti fornita solo d'alcune misere monete giunse sul monte Grappa dinnanzi al comandante il battaglione Matteotti. [...] L'anzidetto comandante Giacconi Domenico, col nome di battaglia chiamato Colombo, di Trieste, e la di lui legittima moglie Giacca Beatrice, col nome di battaglia Marina, m'interrogarono con speciale interesse, dopo di che egli mi aggregò al suo battaglione, mentr'io dopo averlo ringraziato gli dissi ch'io a malincuore non avrei potuto accettare s'egli non mi poteva garantire d'essere poi da tutti i camerati rispettata come donna, mentre di scatto lui mi rispose con voce tuonante assicurativa: dai miei uomini sarete rispettata non solo come donna, ma anche come uomo.»

Spontaneismo, scarsa consapevolezza politica, desiderio di avventure esaltanti, può darsi, ma questo non vuol dire che non sapessero a che cosa andavano incontro: i bandi alle cantonate di ogni piccolo paese parlavano chiaro; chi aiutava gli sbandati «anche soltanto con un bicchier d'acqua» rischiava la fucilazione. Dunque sapevano, ma non ci pensavano, neanche allora, così come in seguito hanno spesso evitato di parlarne: era evidentemente un dovere a cui non si rifiutavano, come un «dovere» era quello di non dissuadere i figli con le lacrime ad andare in montagna, di resistere all'angoscia di non vederli, di saperli in pericolo, di crederli morti. Le madri dei renitenti alla leva di Trofarello si presentano esse stesse al posto dei figli, rendendosi corresponsabili degli atti dei loro ragazzi. Mentre le tradotte militari portano in Germania gli sbandati, nei giorni immediatamente successivi all'8 settembre, le ex «piccole e giovani italiane» raccattano i biglietti buttati dai treni, si adoperano per far passare dalle sbarre una bottiglia d'acqua, un pezzo di pane. Gesti apparentemente innocui, ma i tedeschi sono lì con le mitragliatrici puntate e non scherzano. Sono dunque consapevoli del rischio personale che corrono: per questo, a qualunque livello abbiano agito dal momento che a qualunque livello agissero rischiavano la vita, tutte possono essere definite «volontarie della libertà».

«Volontarie» lo furono più degli uomini, perché, mentre a questi, per ragioni di obbligo militare, una scelta di campo si imponeva, le donne restando a casa non avrebbero rischiato nulla; se poi avessero collaborato ne avrebbero tratto vantaggi: quelle che lo fecero ne furono gratificate con zucchero, caffè, sigarette, carbone; cose che, nella penuria del tempo, avevano un valore oggi difficilmente immaginabile. Tutte volontarie: la minoranza politicamente preparata, quelle che forniscono indumenti, che lavorano il passamontagna o il paio di calze, quelle che cucinano qualche provvidenziale polenta, quelle che danno aiuto alla famiglia di un deportato, quelle che forniscono un'informazione ai partigiani che portano un messaggio. Anche perché difficilmente si arrestano a quel piccolo gesto; chi è uscita almeno una volta dagli angusti interessi domestici e si rende partecipe di quanto accade, non si rinchiude più in se stessa, forse anche perché capisce che la felicità familiare di cui prima si accontentava può essere travolta, se non bada lei a difenderla. Si forma così quella fitta rete composta di casalinghe, portinaie, infermiere operaie, contadine, studentesse che costituiscono le basi della cospirazione.

Notes

1 Quazza's major book on the Resistance (see Guide to further reading).
2 Delzell is an American historian and author of an excellent book on the Resistance (see Guide to further reading).
3 *a beneficio di inventario*: needs to be read with caution.
4 A supporter of Giuseppe Mazzini, one of the leading figures of and advocates for the unification of Italy in the nineteenth century.
5 *circolo azioni armate-rappresaglie*: the vicious circle of partisan attacks followed by enemy reprisals.
6 Key dates in the struggle for unification.
7 A reference to D'Annunzio's occupation of the city of Fiume as a protest against what was considered to be an unsatisfactory peace treaty after the First World War.
8 Pelle was a member of the same band, but had changed sides following an argument.

PART 3 The three wars

3.1 Claudio Pavone, 'Il movimento di liberazione e le tre guerre', in *Conoscere la Resistenza* (Milan, Unicopli, 1994), 11–17.

The idea of 'three wars' going on simultaneously is central to Pavone's account of the period. The following passage, which was originally given at a conference organised by students in Milan, is a very clear account of what exactly Pavone understands by the three different, but linked wars.

[…] Quali sono queste tre guerre? Partiamo da quella più ovvia e arriviamo a quella con maggiore e più controverso significato politico-sociale, tenendo sempre presente che le tre guerre si intrecciano in vario modo.

La prima guerra la possiamo chiamare una «guerra patriottica». In essa la figura del nemico principale era il tedesco invasore e l'obiettivo essenziale che si voleva raggiungere consisteva nella liberazione del territorio nazionale da una dominazione straniera. Obiettivo nobile, anche se talvolta chi interpretava la Resistenza come una guerra di liberazione nazionale esclusivamente in questo senso tradizionale, finiva col rimettere in circolazione un'antica propaganda anti-tedesca di tipo risorgimentale o addirittura pre-risorgimentale. Ci sono documenti, giornaletti e volantini, che vengono soprattutto dalla componente più militare della Resistenza, in cui i tedeschi vengono considerati gli eterni «Teutoni», gli eterni «Barbari», insomma una specie di dannazione eterna per cui il popolo tedesco era un popolo barbaro *a priori* e per sempre. Terreno scivoloso che poteva condurre a un razzismo al contrario, per cui un popolo che aveva dato alla civiltà tanti elevati contributi veniva ridotto per fatalità a essere soltanto lo strumento di un'orribile tirannia.

La guerra civile – che può essere la seconda delle «tre guerre» –, alla luce del criterio del nemico e dell'obiettivo principali, aveva come nemico il fascista e come obiettivo la liberazione del popolo italiano dal fascismo come fenomeno autoctono. Noi italiani per antica tradizione cattolica siamo proclivi a lavarci facilmente la coscienza con disinvoltura, tuttavia non dobbiamo dimenticarci che il fascismo l'abbiamo inventato noi. I popoli devono insomma fare i conti anche con quei pezzi della loro storia che li rendono particolarmente responsabili di fenomeni che poi hanno avuto un'incidenza profonda, anche se in una direzione sbagliata. La lotta contro i fascisti era un fatto tipicamente italiano, e questo è già un elemento che in parte ricollega la guerra civile alla guerra patriottica, pur avendo naturalmente ciascuna di esse le proprie radici storiche e culturali. Se infatti per ricostruire un'idea dignitosa della comunità nazionale bisognava cacciare lo straniero, per dare ancora maggiore forza come italiani a questa immagine di sé stessi, bisognava porsi il problema dei fascisti, liberarsi dal fascismo e riscattarsi dal fatto di essere stati il «Fascio primogenito».[1] Come sapete il «Fascio primogenito» è quello di Milano,[2] ma poi tutta l'Italia rispetto all'Europa era diventata un grande «Fascio primogenito»: il nazismo prese il potere solo nel 1933, Franco con la guerra civile tra il 1935–1939, gli altri regimi danubiani e balcanici di tipo fascista sono tutti successivi al fascismo italiano.

Questo triste primato faceva sì che la guerra di liberazione contro il fascismo era di liberazione da un fatto che gravava sulla società, sulla civiltà, sulla coscienza del popolo italiano. Da questo punto di vista c'è una caratteristica specifica della resistenza italiana rispetto a quella di altri paesi europei: in Italia avviene come una sanguinosa resa di conti nella partita che si era aperta con lo squadrismo fascista[3] tra il 1919 e il 1922, che è l'anno della marcia su Roma. Dopo quella data il fascismo la violenza l'aveva esercitata tramite tutta la forza dell'apparato statale, la quale si sommò a quella illegale prima esercitata con la protezione della poco equanime politica dei ceti dirigenti, in particolare degli apparati polizieschi che nel periodo dello squadrismo davano mano libera alle bande fasciste, e invece reprimevano quei socialisti che avessero tentato di opporsi. Così l'idea che finalmente si poteva combattere ad armi pari fu forte incentivo della Resistenza italiana.

D'altra parte i tedeschi, se non si voleva rimanere nell'ottica di tipo tradizionale sopra ricordata (a questo riguardo bisognerebbe fare delle distinzioni regionali: per esempio, un aspetto neo-risorgimentale si coglie di più nel Veneto, dove opera anche una memoria viva dell'invasione dopo Caporetto),[4] non erano tedeschi qualsiasi, ma nazisti, concordanti come ideologia e come visione generale del mondo con i fascisti. Hitler ha sempre considerato Mussolini il suo maestro, anche se è stato un allievo che ha superato il maestro sotto tanti profili, e anche se altri gerarchi nazisti non hanno riconosciuto mai questa superiorità al fascismo italiano. Essi erano troppo pieni di albagia; e del resto la disastrosa conduzione della guerra aveva completamente screditati i fascisti agli occhi dei tedeschi.

Oggi la storiografia ha messo giustamente in rilievo le differenze esistenti tra il fascismo italiano e il nazismo tedesco, oltre che quelle con il franchismo in Spagna, i regimi di reazione agraria danubiano-balcanici, i vari collaborazionismi nati durante la guerra. Tuttavia la formula nazi-fascismo era allora molto usata dai resistenti di tutti i paesi e aveva un senso. Le differenze che, come si è detto, gli storici hanno messo in luce, nella coscienza dei contemporanei non erano essenziali, venivano annegate e sintetizzate nella formula appunto del nazi-fascismo: nazismo per indicare i tedeschi, fascismo per gli italiani. E già qui c'è un punto di collegamento tra guerra civile e guerra patriottica. Nei documenti partigiani non tutti i tedeschi erano considerati nazisti al cento per cento, come del resto non tutti i combattenti della Repubblica sociale erano considerati fascisti al cento per cento. Leggendo i documenti della giustizia partigiana, relativi al trattamento cui andavano sottoposti i prigionieri, si trovano poste importanti distinzioni. Occorreva cioè distinguere il milite delle Brigate nere o della X Mas o della legione Muti,[5] che era un volontario, fascista confessionale e militante, da un poveraccio che non aveva avuto il coraggio di non rispondere alla chiamata alle armi del maresciallo Graziani (che era il ministro della Difesa della Repubblica di Salò); ed è così anche per i tedeschi: si cerca di distinguere la SS, che è proprio il braccio armato del partito, dal richiamato tedesco, il quale certo era colpevole di acquiescenza ma diverso dal nazista ideologico e militante. Così pure, talvolta fin troppo generosamente, vengono fatte differenze in favore degli austriaci.

66

Il terzo aspetto, ovvero la terza guerra, la si può definire una «guerra di classe»: guerra che nella Resistenza non ha mai avuto una fisionomia del tutto autonoma dalle altre due, ma ciò è vero, in gradi diversi, per l'intera tripartizione. Infatti questa è analiticamente utile per scomporre il grande evento della Resistenza, per mettere da parte ogni agiografia, ogni celebrazione che veda a braccetto il generale dell'esercito regio con l'ex-partigiano, in celebrazioni officiate dai ministri della Difesa. Ma la tripartizione non sempre corrisponde alla piena realtà dei vari gruppi di combattenti. Non erano molti quelli che facevano solo la guerra patriottica, o solo quella civile o solo quella di classe. Forse rientrano nel primo caso i cosiddetti «autonomi», quali i «Fazzoletti azzurri» del maggiore Mauri nel Monferrato e nelle Langhe, le «Brigate Osoppo» nel Friuli, le «Fiamme verdi» del Bresciano. C'è fra gli autonomi chi si considera addirittura erede del Regio esercito italiano, mentre in genere i partigiani lo considerarono giustamente una cosa ingloriosamente dissolta, cui non si poteva più fare riferimento. Episodi tragici e gloriosi quali la resistenza a Cefalonia, contro i tedeschi, della divisione Acqui che fu sterminata, erano pressoché sconosciuti, e comunque non erano tali da capovolgere il giudizio globale. Così a fronte di una minoranza di ufficiali di carriera o di persone che erano animate da sentimenti legittimisti ed erano desiderose di una restaurazione monarchica, vi era la maggioranza degli altri partigiani i quali consideravano una cosa già acquisita che la monarchia fosse per sempre sprofondata. Ma anche le coscienze degli autonomi erano spesso ispirate dall'antifascismo, e in esse i motivi patriottici e civili (antifascisti) tendevano a mescolarsi. Lo stesso avveniva per quegli aspetti che ho chiamato di guerra o conflitto di classe, nei quali il patriottismo non era assente.

Riprendendo il criterio della distinzione in base alla figura del nemico e agli obiettivi perseguiti, per la guerra di classe il nemico principale era quello tradizionale delle lotte operaie, cioè il padrone, fossero i padroni delle fabbriche, o fossero gli agrari che avevano finanziato gli squadristi e se ne erano avvalsi. Lo squadrismo agrario dell'Emilia Romagna e quello toscano erano stati sicuramente quelli più feroci, più accaniti, e questo può spiegare anche perché nell'Emilia le violenze post-insurrezionali si siano protratte più a lungo che in zone più bianche come tradizione sociale e politica, quali il cuneese, che pure fu una zona di grande insorgenza partigiana sia GL che garibaldina. Il nemico padrone e il nemico fascista finivano così con il coincidere, e trascinavano con sé il nazista invasore.

E l'obiettivo? Si potrebbe al riguardo svolgere un lungo discorso. Erano mescolati, dentro una grande speranza di palingenesi sociale,[6] fascino del modello sovietico, del quale peraltro si sapeva ben poco e che si incarnava nel mito di Stalin, nell'attesa dell'Armata rossa, nell'aspirazione a un socialismo nuovo e diverso che evitasse le degenerazioni burocratiche e repressive avvenute in Urss, un socialismo insomma che sapesse reinterpretare anche la libertà e la democrazia, come per esempio propugnavano il Partito d'azione e alcune correnti socialiste.

Quello che era comune, o almeno abbastanza comune, era la convinzione che i rapporti sociali in Italia, dopo un'esperienza così dura non avrebbero potuto rimanere uguali a quelli di prima. Troppi erano stati i sacrifici, troppe le perdite di vite umane, troppe le distruzioni. Quelle causate dai bombardamenti alleati provocavano in genere reazioni sintomatiche. I colpiti non imprecavano contro gli inglesi o contro gli americani bensì contro i fascisti che avevano voluto la guerra.

Su come raggiungere gli obiettivi comuni cominciavano ulteriori differenziazioni (e questa osservazione è valida anche al di fuori degli obiettivi di natura economica e sociale). Si parlava per esempio di nazionalizzazioni più o meno estese, di economia a due settori (cioè con un settore lasciato ai privati nazionalizzando le cosiddette industrie chiave), di autonomia delle aziende con ripresa di temi consiliaristi, di rapporto tra pianificazione e mercato, di lotta ai monopoli. Ci furono in sostanza varie prese di posizione, di cui nessuna peraltro raggiunse un livello di programma preciso ed elaborato; e questa è stata poi una delle cause della debolezza dell'azione riformatrice nel periodo post-liberazione.

L'aspetto che ho chiamato di palingenesi, e che è stato definito anche di massimalismo etico, aveva come corollario l'escludere che tutto si risolvesse nella chiusura di una parentesi. Per la cultura più strettamente legata a quella del Partito comunista e della Terza Internazionale, questa aspettativa trovava un punto di appoggio nella dottrina secondo la quale il fascismo era il braccio armato della reazione capitalistica e costituiva l'ultima carta della borghesia. C'era stata una famosa definizione di Stalin secondo la quale il fascismo era l'espressione delle forze più reazionarie e sciovinistiche del grande capitale finanziario monopolistico.

Anche i gruppi comunisti dissidenti, assolutamente minoritari, nella sostanza concordavano con questa diagnosi. Ne derivava che la lotta contro il fascismo non poteva considerarsi compiuta se non si fosse abbattuto lo Stato borghese o almeno non si fosse cominciata una «lunga marcia» dentro le istituzioni, come si dirà poi nel 1968. Insomma, ci voleva qualche cosa che incidesse anche in modo profondo sul piano sociale.

Non si tratta, nemmeno nel caso della guerra di classe, di una guerra completamente separata. Molte volte nella storia dèl movimento operaio ideali di liberazione nazionale, ideali di liberazione politica dagli aspetti più odiosi del dominio borghese e ideali di liberazione sociale si erano in varie maniere intrecciati [...]

Notes

1 'Primogenito' means literally 'first-born'. Pavone's point is that Fascism started in Italy, not Germany.
2 The first 'official' meeting of fascists took place at Piazza San Sepolcro in Milan.
3 In the early years of Fascism, 'squads' of supporters carried out attacks on a variety of targets (left-wing printing presses, socialist sympathisers and so on).
4 A disastrous Italian defeat in the First World War.
5 Different sections of the fascist army.
6 Massive social change.

PART 4 Partisans in action

4.1 'Prontuario del Sapista', Archive of Istituto nazionale per la storia del movimento di Liberazione in Italia di Milano, fondo Cvl, b. 92.

This passage contains detailed instructions about how to carry out partisan activities and was passed around amongst the 'Sapisti' in Milan. It is written and structured in a deliberately scientific manner.

Premessa: Ogni azione anche la più semplice richiede una preparazione e un'organizzazione.

Requisiti per una buona riuscita
1 Perfetta conoscenza della zona in cui si opera, onde avere sempre pronte le vie di salvezza, di avvicinamento, di adunata. Si devono conoscere le case sinistrate, quelle a doppia uscita, le viuzze, i vicoli, tutto ciò che serve per far perdere le tracce.
2 Perfetta conoscenza della frequenza di passaggio del nemico e dei suoi trasporti, delle sue abitudini, dei suoi luoghi di affollamento, della sorveglianza, del suo modo di agire, della sua mentalità.
3 Perfetto addestramento della formazione agente e intesa tra gli elementi partecipanti all'azione. La divisione del lavoro, lo studio dei gesti necessari per compiere la parte assegnata, il coordinamento delle parti, sono, in unione con la reciproca fiducia e sicurezza, le basi essenziali del successo.
4 Accurato studio dell'azione in tutti i suoi particolari, studio delle varie particolarità, scelta accurata degli elementi partecipanti.
5 Calma nell'azione, spirito di sacrificio, certezza nella riuscita, fede nelle proprie forze e nelle proprie capacità. Il motto deve essere: «Nessun timore nel colpire o nell'essere colpiti.»
   La durata dell'azione dipende dal coordinamento dei movimenti, dalla razionalizzazione del lavoro, dal sapere con precisione ciò che ognuno deve fare. Ricordarsi che il nemico è terrorizzato e

che noi siamo disposti a tutto osare. Basarsi su questa massima di Lenin: «Dieci organizzati valgono più di cento disorganizzati.» La situazione, nemico in istato di disgregazione e sfacelo, popolazione simpatizzante e pronta ad aiutarci, fondamentalmente antifascista e antitedesca. Dipende perciò soltanto da noi il successo.

1 Disarmo

L'azione di disarmo di un nemico isolato può essere compiuta da 3 o 5 elementi pratici della zona.

2 Disarmo a piedi

È bene farlo in 5 elementi. Essi si dispongono in questo modo: l'esecutore materiale del disarmo, il capo nucleo, procede avanti seguito dai 2 coadiutori a una certa distanza, avanzanti ai 2 lati della strada. I 2 protettori seguono a una maggiore distanza ai 2 lati della strada. Arrivati in prossimità del tipo da disarmare il caponucleo fa segno ai 2 coadiutori, i quali si avvicinano e si pongono ai lati del nemico. Il caponucleo punta la pistola alle reni dell'avversario intimando l'Alt e le mani in alto, al minimo accenno di resistenza egli deve sparare. I 2 coadiutori perquisiscono rapidamente il tipo togliendogli tutte le armi. Durante l'azione i 2 protettori sostano a piccola distanza pronti a far fuoco su chiunque tentasse intervenire onde proteggere la ritirata del nucleo operante.

Finita l'azione i 3 che hanno operato il disarmo si disperdono per vie traverse da lì a poco seguiti dai 2 protettori per ritrovarsi entro mezz'ora in un punto già stabilito ove depositare il frutto del disarmo.

Tempo dell'azione: 3 minuti al max.

Durante la serata e durante il giorno si possono compiere almeno 4 azioni di disarmo da un nucleo. Dopo alcuni disarmi i 2 coadiutori possono divenire capo nuclei e guidare nell'azione altri elementi.

In dato modo si addestrano molte squadre e si preparano i quadri.

3 Scrittura sui muri

Agisce un nucleo di 3 o 5 persone. Innanzi tutto si stabilisce la zona dove agire, il numero di strade e le pareti da riempire di scritte e frasi da scrivere.

a Scrittura con gesso

Agisce un nucleo di 3 elementi, uno scrive e due proteggono. I due protettori si pongono alle estremità del tratto di strada dove si deve lavorare, mentre il capo nucleo scrive la frase prestabilita. Compiuta l'azione il nucleo si sposta nello stesso ordine di lavoro nel tratto successivo, e così di seguito sino ad avere riempito la zona prescelta. Durante il lavoro si possono scambiare le funzioni.

Tempo max per ogni scritto 1 minuto.

Armamento: 2 rivoltelle e 2 bombe a mano.

b Scrittura con vernice

Agisce un nucleo di 4 persone. Due elementi sono posti a guardare le 2 estremità del tratto di strada ove si lavora. Il capo nucleo scrive col pennello la frase convenuta, mentre il quarto elemento tiene il barattolo della vernice. Per gli spostamenti si procede come nel caso precedente.

Tempo max 1 minuto.

Armamento 2 rivoltelle e 2 bombe a mano.

Nel caso della scrittura con vernice il lavoro procede molto più spontaneamente e in modo più pulito se si usano gli stampi. Uno stampo si confeziona in modo semplice e sbrigativo mediante del cartone spesso o della carta pergamenata, ritagliando nel corpo del pezzo la frase convenuta. Stampi resistenti si possono confezionare con lamierini. Una volta avuto lo stampo il capo nucleo fissa questo sul muro e vi passa una o due mani di vernice. Si diminuisce il tempo di lavoro a neppure mezzo minuto. Altro metodo rapido di scrittura è quello del rullo. Sul rullo o ruota di uno spessore variabile a seconda l'altezza della frase da scrivere si fissano i caratteri in gomma o in ferro o in qualsiasi altro materiale resistente. Si inchiostrano i caratteri e si striscia sul muro il rullo.

La scrittura delle frasi per avere carattere agitatorio deve ottemperare a questi requisiti: essere attuata in modo chiaro e in grandezza di almeno 20 cm su una parete posta bene in vista dei passanti, essere fatta in luoghi di grande passaggio e non in stradine secondarie; essere breve e concettuosa quale una parola d'ordine o un grido di battaglia.

Ottimi sono i muri degli edifici scolastici, degli stabilimenti, dei grandi stabili, i muri perimetrali di edifici pubblici o ville.

4 Lanci di manifestini

È questa una delle azioni più importanti per l'agitazione sia perché suscita entusiasmo nella popolazione, sia perché serve a far conoscere la parola di lotta a vasti strati che non possono essere altrimenti toccati dalla stampa clandestina. Il lancio dei manifestini deve avvenire, per essere utile, là dove maggiore è il concorso di folla, all'uscita degli stabilimenti, nei locali pubblici, nei luoghi di divertimento, nei mercati, nei tram, all'uscita della chiesa.

a Lancio a piedi

Agisce un nucleo di 3 persone. È necessario il concorso di una squadra di difesa se il lancio si attua in luogo prestabilito ove già è adunata la folla. Il capo nucleo porta i manifestini ed è incaricato del lancio, i 2 coadiutori servono per la difesa.

Si procede in questo modo: il capo nucleo avanza, seguito a brevissima distanza dai due coadiutori, giunto nel posto stabilito egli effettua il lancio alla folla. Ciò fatto i tre si disperdono per vie traverse per ritrovarsi dopo mezz'ora circa nel luogo convenuto.

Più proficuo è il lancio effettuato contemporaneamente da 3 persone; in questo caso la tecnica è identica alla precedente, ma il nucleo agente è composto da 5 persone. I 3 lanciatori giungono sul luogo in ordine sparso e a un cenno convenuto del capo nucleo lanciano contemporaneamente i manifestini in mezzo alla folla per poi disperdersi per vie diverse.

b In bicicletta

Il lancio può essere effettuato o nel luogo stabilito o lungo una o più strade. Il nucleo composto di 3 elementi avanza verso il luogo prescelto e di corsa effettua il lancio. I sapisti lanciatori procedono

73

uno dietro l'altro distanziati di pochi secondi. Sul luogo stabilito è posta a difesa una squadra. Effettuato il lancio i partecipanti si disperdono per vie traverse.

Se il lancio avviene lungo una o più strade il nucleo composto di 3 elementi procede così: il lanciatore avanza; lancia nel tratto di strada prescelto i manifestini, i 2 protettori seguono a una cinquantina di metri. Effettuato il lancio si volta in un'altra strada e nel tratto stabilito si procede allo stesso modo.

Esaurito il materiale il nucleo si disperde.

c In macchina

Si procede così: il nucleo composto dal conducente, lanciatore, 2 protettori si porta in macchina nel luogo stabilito e passando lancia i manifestini. Può agire anche lungo le strade, lancia in un tratto, volta per 2 o 3 vie, lancia in un nuovo tratto e così via fino a esaurimento del materiale. Il tratto deve essere scelto entro 2 semafori se si è su una strada principale. Nella macchina il nucleo si dispone così: conducente e un protettore, nella parte anteriore, lanciatore e un protettore nella parte posteriore. I protettori devono trovarsi ai fianchi opposti della macchina.

Armamento: parabellum per i protettori.

d Lancio nei locali pubblici

Agisce un nucleo di 3 persone. Il caponucleo entra nel locale e apre la porta di esso e lancia i manifestini, mentre i due protettori sono sulla porta, nel 1° caso, o nella strada nel secondo caso. Il lancio può essere accompagnato da un brevissimo discorso o da lancio di parole d'ordine da parte del caponucleo. Il lavoro per essere proficuo deve essere attuato nelle ore di punta, di modo che molta gente possa leggere e commentare sia la stampa che il gesto. In una serata si possono attuare molti di questi lanci.

È necessario conoscere gli ambienti e la zona.

Tempo massimo 2 minuti.

e Lancio nel tram

Agisce un nucleo di tre elementi. Uno si pone vicino o al conducente o al bigliettaio, mentre 2 si pongono nella piattaforma posteriore.

È bene che il tram non sia affollato e la piattaforma sia libera.

Il caponucleo mentre il tram è in moto getta dai finestrini laterali o posteriori della piattaforma i manifestini.

Prima della fermata regolare si intima al personale di aprire le porte e ci si disperde per vie traverse per ritrovarsi nel luogo prestabilito.

L'armamento per i casi succitati è di 2 revolver e due bombe a mano.

È da ricordare che nell'azione non si devono mai adoperare le armi e tanto meno mostrarle, perché si otterrebbe l'effetto contrario al voluto. Le armi si adoperano solo per difesa personale e per sfuggire al nemico.

5 Come si organizza e si tiene un comizio

È questa la massima azione agitatoria, avente un effetto enorme sulla popolazione sia per il coraggio dimostrato dall'oratore, sia per la possibilità di far udire dalla viva voce del patriota le parole d'ordine e le disposizioni di lotta.

È bene perciò, data la posta in gioco, organizzare molto bene il comizio, anche quando questo è improvvisazione, come suol dirsi, volante.

a Comizio volante

È il comizio improvvisato là ove abitualmente vi è o si verifica un ammassamento di persone, fermate dei tram, uscite dagli stabilimenti, dalle chiese, dai locali pubblici, luoghi pubblici.

È necessario conoscere il modo di affollamento, l'ora, il modo di dispersione della folla, il tipo e la mentalità della folla stessa.

Facciamo il caso dell'uscita degli operai da uno stabilimento. Due o tre giorni prima del comizio si va sul posto per studiare la zona, le vie di accesso, le vie di salvezza, l'ora di maggiore affollamento, le maniere dell'uscita, il tipo di sorveglianza. Se è possibile ci si accorda con qualche elemento politico responsabile dello stabilimento e si abbina il comizio con il lancio dei manifestini. L'oratore deve giungere in un mezzo di trasporto veloce così da poter sfuggire rapidamente a qualsiasi tentativo di impedimento nemico. Molto curata deve essere la protezione dell'oratore.

Si procede in questo modo: sul posto si devono trovare almeno due elementi di protezione, quando non sia necessario, data la località, utilizzare un nucleo intero.

Se vi è accordo con lo stabilimento la protezione è affidata alle Sap dell'officina. Gli elementi di protezione devono porsi vicino all'oratore e sulla via di salvezza.

L'oratore giunge sul posto 2 minuti prima o meglio ancora appena inizia l'uscita delle maestranze.

Al momento già in precedenza studiato, di maggiore affollamento, l'oratore inizia il suo discorso, breve e costituito da una dichiarazione e 2 o 3 parole d'ordine adatte al luogo e alle circostanze del momento: finito il discorso, egli con lo stesso mezzo con cui è venuto, scompare. I protettori si disperdono con la folla. Nel caso vi fosse accenno di intervento del nemico si oppone resistenza proteggendo la dispersione operaia e incitando la massa a rispondere alla violenza con la violenza.

Nel caso il comizio fosse abbinato con il lancio dei manifestini, i lanciatori devono trovarsi uno o due minuti prima sul luogo. Meglio è però se essi giungeranno in bicicletta sul posto all'inizio dell'uscita delle maestranze, non appena vi è un affollamento operaio essi operano il lancio e subito dopo l'oratore inizia il suo discorso. I primi lanciatori effettuato il lancio si disperdono, mentre un secondo nucleo di lanciatori effettua il lancio appena l'oratore ha finito di parlare.

Tempo massimo 5 minuti.

Armamento: rivoltelle e bombe a mano per ogni protettore e per lanciatori.

b Comizio organizzato

Il comizio organizzato richiede una preparazione di almeno 3 giorni.

Si stabilisce il luogo ove tenerlo, possibilmente una piazza con molte vie di accesso. Si stabiliscono posti di vedetta e sorveglianza all'inizio e alla fine dei tratti di strada che portano alla piazza. Protettori si pongono intorno alla folla nei vari punti del luogo prescelto.

I partecipanti al comizio si radunano in gruppetti nelle adiacenze del luogo cinque minuti prima dell'ora fissata. Quando manca un minuto all'ora stabilita la gente entra nella piazza e fa subito massa. L'oratore giunge, preferibilmente con mezzo rapido di trasporto e fa il suo discorso e poi scompare con lo stesso mezzo. La folla si disperde lentamente sotto la protezione delle Sap all'uopo incaricate.

Al minimo accenno di tentativo di rappresaglia nemica la folla, avvisata dai sorveglianti periferici, si disperde, mentre le Sap ne difendono la ritirata dando battaglia, per poi disperdersi a loro volta.

Anche in questo caso si può abbinare il comizio con il lancio di manifestini. 3 lanciatori giungono in bicicletta sul luogo convenuto e lanciano in 3 punti diversi già prestabiliti, indi scompaiono. Finito il discorso altri 3 lanciatori intervengono e compiono il lancio come i precedenti.

6 Come si distruggono i cartelli indicatori

La distruzione dei cartelli indicatori tedeschi ha importanza perché «acceca» il nemico. I cartelli indicatori servono per guadagnare tempo indicando la direzione per la quale devono essere avviati i convogli, senza dover chiedere a nessuno, senza dover essere obbligati a istituire un servizio di segnalazioni. Si ha un risparmio di uomini e di tempo. In un territorio di guerra dove convogli si devono spostare con rapidità, senza intralciarsi a vicenda, i cartelli indicatori agevolano il rapido passare e l'incrociarsi senza disturbo di questi: il risparmio di uomini è grande, perché si evita di porre ai crocicchi un servizio di guardia che funzioni notte e giorno.

La distruzione dei cartelli indicatori è un vero atto di guerra che colpisce il nemico nel delicato congegno dei movimenti, e ha, in certo senso, la stessa importanza del sabotaggio alle vie di comunicazione, per il ritardo e l'ingorgo dei trasporti. In fase di ritirata, la rapidità di trasporto, di «sganciamento» è fondamentale perché può decidere delle sorti delle forze e della battaglia. Ecco perché i nazisti riempiono le strade di cartelli e curano la loro buona manutenzione. Nostro dovere di combattenti è colpire il nemico in questo delicato servizio.

Agisce un nucleo di 3 elementi. Occorre innanzi tutto conoscere la ubicazione e la grandezza dei cartelli. Questi devono essere materialmente distrutti e non solo tolti o asportati per essere gettati più in là.

Si può procedere mediante rottura o incendio.

a Rottura

2 elementi si pongono a guardia, alle 2 estremità del tratto di strada ove si agisce, mentre il capo nucleo spezza e martella il cartello, asportando il paletto su cui è fissato. Se vi sono più cartelli si procede alla loro totale rottura. Compiuta l'azione il nucleo si sposta in un'altra strada, agendo con la stessa tecnica precedente.

Tempo massimo 5 minuti.

Armamento: 2 rivoltelle e 2 bombe a mano.

b Incendio

2 elementi si pongono a guardia, alle 2 estremità del tratto di strada ove si agisce. Il caponucleo, provvisto di materiale incendiario quale benzina o alcool, ne cosparge il cartello e dà fuoco. Il nucleo si allontana in ordine sparso per ritrovarsi in luogo prestabilito.

Tempo max 3 minuti.

Armamento 2 rivoltelle e 2 bombe a mano.

Le funzioni dei tre elementi possono essere scambiate nelle azioni successive.

Note

Si è indicata la quantità dell'armamento per ogni azione, considerando il caso teorico della massima garanzia e della perfetta attrezzatura sapista.

Si fa presente che tutte queste azioni possono essere compiute con un armamento molto inferiore o nullo. Facciamo il caso delle scritte sui muri: non è necessario andare armati per fare una cosa così semplice e così rapida, che può compiere anche un ragazzo qualsiasi. Si è anche fissato il n. degli elementi agenti. Anche qui si tratta di casi teorici. Molte azioni possono essere compiute da elementi isolati quali per esempio la scrittura sui muri. Quel che occorre è coraggio e calma. Si è infine stabilito come difesa l'uso delle armi da fuoco. Ciò non vuol dire che non si possa agire anche con le armi bianche, quali pugnali e pugni di ferro. Nel disarmo, per esempio, agendo con audacia si può fare a meno delle rivoltelle, perché l'avversario può, in caso di tentativo di resistenza, essere colpito anche con armi bianche.

Queste azioni hanno una funzione educativa essendo una palestra di addestramento all'audacia, calma e padronanza di sé.

Valore educativo e formativo maggiore hanno quando ogni sapista prende con sé e fa agire altri 2 sapisti.

Si riesce così a formare nuovi quadri, a sviluppare tutta l'attrezzatura militare. Queste azioni preparatorie, aventi la loro importanza politica e militare, permettono di passare ad azioni superiori, quali il sabotaggio, l'attacco a presidi, la soppressione dei traditori, il prelevamento di collaborazionisti, la conquista di un obiettivo. Non si può spingere un nucleo ad agire in un campo che richiede capacità organizzative e tecniche e militari, se questo non ha prima funzionato in cose più semplici.

Queste azioni preparatorie vengono per conquistare la località rivoluzionaria. Ogni Sapista deve agire, e al termine di ogni settimana egli deve poter dire: «ho partecipato a questa azione di disarmo, di lancio, di scrittura ecc. ho contribuito alla preparazione dell'insurrezione nazionale e alla lotta di liberazione, mi sono allenato per la fase finale dell'attacco in massa contro il nemico.»

Come funziona un nucleo Sap

Il Sapista è un elemento legale, lavora nel suo mestiere e nella sua professione, agisce quando è chiamato.

Egli si vede con i suoi camerati [!] di nucleo, discute con loro i problemi politici, studia l'azione da svolgere, cura i particolari della parte a lui assegnata, si esercita in attività preparatorie, si attrezza per la lotta finale.

Il nucleo Sap si ritrova, sotto il caponucleo nell'azione da compiere, al giorno e ora stabiliti, ritorna poi alla sua vita normale. Non porta armi con sé che durante l'azione. Il nucleo Sap può essere composto da specialisti: autieri, mitraglieri, carristi, ciclisti, artificieri ecc. o di semplici fanti; ma ogni elemento per l'attività, la volontà, la fermezza e la decisione è un quadro dirigente, capace di guidare all'azione altri elementi.

Esso non svolge sempre una stessa attività, ma durante la settimana compie tipi varii di azioni: oggi il disarmo, domani l'affissione di manifestini, il giorno dopo scritture sui muri, poi difesa di un comizio volante, attacco a un piccolo posto, studio dell'obiettivo da conquistare e così via.

Il Sapista non si cristallizza, ma acquista conoscenza nell' attuazione delle varie mansioni affidategli.

Un nucleo tanto più è vitale, tanto più è attivo e politicamente formato. Non può essere un buon combattente chi non ha coscienza del perché lotta, non si affronta il pericolo con coraggio se non si crede alla necessità dell'azione per il raggiungimento di un fine politico.

Le Sap sono un organismo d'avanguardia, una forza di punta, proprio perché sanno come la lotta di liberazione sia lotta per la democrazia progressiva.

4.2 Anna Bechis, 'Ecco io ricordo tutto questo', in *Compagne*, ed. Bianca Guidetti Serra (Turin, Einaudi, 1977), 495–499.

Like Fiorina Friziero's description of 8 September and its aftermath (above), Anna Bechis's account of her partisan activies has a compelling simplicity and immediacy.

Ecco, io ricordo tutto questo del 25 luglio, ricordo le reazioni, ricordo tutto e poi … i tedeschi, l'occupazione, l'8 settembre. Lì comincia la storia delle donne; abbiamo visto arrivare nei paesi tutti i soldati che cercavano di vestirsi in borghese per poter raggiungere le loro case. Ed allora ecco, lì proprio si può dire che è cominciata la mia attività, casa per casa ho chiesto dappertutto, dove sapevo … alla gente che avevo visto che era dalla nostra parte nel 25 luglio, indubbiamente non dai fascisti … Abbiamo iniziato in cinque o sei donne questa raccolta di indumenti, non ti dico quanta gente abbiamo vestito.

Andavamo ai mulini a chiedere pane; siamo andate dalle macellerie a farci dare carne per far mangiare questi giovani.

Non posso dire che nel '43 ero già partigiana, io non posso dire questo. Perché dal settembre '43 fino a dicembre a Volpiano non c'è stata un'azione, non c'era.

Però nelle case ci trovavamo, le discussioni che si facevano era di aiutare questi gruppi di sbandati; perché tu sai benissimo che non erano ancora partigiani, che erano rifugiati su nelle montagne sopra a Pont Canavese, nelle cascine. Nostro compito era non solo di cercare indumenti, ma anche viveri da portare su alle famiglie.

Intanto si è cominciato a costituire le formazioni partigiane.

È andata così. Io ho sempre avuto la mania di scrivere; i partigiani del posto sapevano. Conoscendo indubbiamente la mia posizione di socialista dicono: «Tu devi cominciare a scrivere.»

Io, ricordo, comincio a scrivere dei manifestini che poi non potevamo battere a macchina perché la macchina non ce l'avevamo. Scrivevamo in stampatello: «Italiani, l'ultimo quarto d'ora è suonato».

Quell'«Italiani l'ultimo quarto d'ora è suonato» l'avrò scritto cinquanta volte, perché era sempre l'ultimo quarto d'ora e non arrivava mai.

Mi ricordo di quando è arrivata la notizia della morte, dell'impiccagione di Francesca Edera. Ricordo di tutti questi manifestini che noi scrivevamo e andavamo a attaccare.

Poi sono entrata nella brigata Spartaco II, che era la brigata che dalla pianura di Volpiano andava fino alla montagna alla 4a divisione Garibaldi dove c'era Nicola Grosa, dove c'era papà Andrea. I collegamenti li ho avuti subito con gli sbandati di Volpiano. Il comandante era Ciro che è morto qualche tempo fa; poi c'era tutta una serie di giovani che però credeva in me. Sapevano che io avevo veramente sentimenti antifascisti. Cominciavo così la spola.

Prendevo la canavesana, andavo fino su oltre Pont e lì mi sono legata con i gruppi delle partigiane, della Marcella Oberto che è morta molto presto, e poi con Martina che era la moglie dell'ispettore Martin. E così in ogni paese, avevo il gruppetto delle compagne, non che le avessi scovate solo io, sarebbe troppo merito, ma mi venivano segnalate ...

Per cominciare il lavoro con le donne abbiamo costituito anche lì i Gruppi di difesa.

Ero già entrata nella formazione partigiana ed ecco la metamorfosi. Portos, Truetti, era l'intendente della terza zona, tesoriere lo chiamavano, e allora lui era sempre a casa mia, ed era comunista. Il primo grande incontro con il partito comunista, l'ho avuto lì; perché mio papà era un socialista incallito sai e non voleva saperne dei comunisti perché diceva che era la bassa plebe. Forse nei paesi questo era maggiormente sentito perché schiamazzavano di più, magari bevevano un bicchiere di più e poi cantavano e cosi, mio padre queste cose non le digeriva.

Io forse avevo assimilato un po' questa mentalità.

Poi conosco Portos, che era un ragioniere, un ragazzo d'oro, e continuava a dirmi: «Ma guarda Anna che il comunismo ...» Mi ricordo quando mi ha fatto una discussione sulla piccola proprietà pensando che io avessi una proprietà da difendere. «Tu sprechi queste parole, io non ho un soldo, ho una miseria nera in casa, altro che tu mi parli di piccola proprietà ...»

Nel partito comunista sono poi entrata nella fine del '44, non è che fossi entrata prima.

Poi ho conosciuto papà Andrea, Silvio Valle, e li ho conosciuti molto perché, quando venivano giù dalla montagna, venivano a casa mia, sempre in virtù di quel passaggio segreto da cui era scappato mio zio, da cui erano scappati tutti.

La mia padrona di casa aveva il figlio nei partigiani, per cui dovevano passare prima davanti a lei per arrivare a me, e allora diceva: «Stai tranquilla che se arrivano qua, botte nei muri, tu capisci e li fai saltare dal terrazzo.»

Vedi dal terrazzo saltavano giù e c'era la Piccola casa della divina provvidenza, il Cottolengo, e le suore due volte gli hanno aperto i cancelli ai nostri partigiani e li hanno ricoverati lì, quando c'era le batoste che sono venute poi in seguito.

Avevo un compito molto difficile, perché Portos, Truetti, mi aveva presa con lui. Tieni conto, trentadue anni fa ero più giovane potevo anche fare. Dovevamo preparare tutto il necessario per la brigata; molto ben organizzata. Valentino e Zabarella erano con me. Zabarella era il figlio del maresciallo dei carabinieri che è poi stato deportato a Mauthausen e non è più ritornato, perché era antifascista. L'altro era il figlio di un capitano dei bersaglieri cieco, di Volpiano; due ragazzi valorosissimi ma mezzi matti che me ne hanno combinato di tutti i colori.

Dovevamo sempre partire assieme per requisire.

Però se io ti faccio tutta una chiacchierata così, mica mi vengono a prendere perché sono andata alla Marus, alla Microtecnica?[1]

Per esempio. Un giorno viene giù Andrea e dice: «Senti Anna, noi abbiamo bisogno di un binocolo grosso, enorme perché ci capita che i fascisti e i tedeschi – ma in modo particolare erano i paracadutisti della Folgore che erano poi venuti lì di stanza nel novembre del '44 – ce li troviamo di fronte, camuffati, li crediamo dei nostri e invece succede una tragedia. Se invece noi col binocolo li avvistiamo …»

Allora dice: «Voi dovete andare alla Microtecnica, in via Roma — c'era la Microtecnica un negozio stupendo – e requisire un cannocchiale prismatico». Mi ricordo sempre il nome «prismatico». Non sapevo cos'era un cannocchiale prismatico.

Dice «Date a loro i buoni di requisizione». Partiamo tutti e tre, loro salgono a San Benigno e io salgo a Volpiano. Facevamo finta di non conoscerci. Era il periodo che era uscito il famoso bando: «Chiunque viene trovato in possesso delle armi viene fucilato sul posto». Arriviamo alla stazione Dora, i tedeschi bloccano la «canavesana», salgono lì sulla vettura, ci hanno buttati tutti in fondo e perquisivano uno per uno. Io, tranquilla, avevo una borsa normale con niente dentro.

Quando vedo che Valentino mi fa con le mani il gesto che aveva la pistola.

Senti, mi sono sentita morire! Le avevano tutti e due, 'sti disgraziati.

Ho detto: «Qui bisogna vedere come fare per salvarli.»

Cosa potevo fare, dimmelo! Io avevo … si portavano quei soprabiti alla saariana, con le tasche tagliate così, un bel soprabito di cammello, ero tutta elegante … Allora avvicino un tedesco, quello che perquisiva. «Tentiamo la sorte, fai la civetta.» Potevo permettermelo magari un po' di più di quello che posso permettermelo adesso.

Vado e dico: «Io niente borsa, niente bombe.» e mi metto a fare un po' la sciocchina così. Lui guarda la borsa e mi dice: «No no …»

E allora io comincio andare vicino ai tedeschi. Valentino e Aldo, man mano che perquisivano, andavano ogni volta più indietro e gli altri davanti. Passo vicino a loro e faccio cenno nella tasca; passo da Aldo e mi mette la pistola e i tesserini di requisizione nella tasca; poi torno, in mezzo ai tedeschi, facendo tutto il gioco di una donnina leggera, mi spiego, perché se no non potevo fare quello.

Poi passo dall'altro e, pensa, che la pistola era abbastanza grossa, ho dovuto tenerla con la mano sopra così, perché il calcio usciva fuori dalla tasca; roba da pazzi! Ma non so se era coraggio, era incoscienza. Ma in quel momento ho visto solo la disperazione di due madri; perché li fucilavano, con i buoni di requisizione e le armi.

Dopo vado vicino ai tedeschi con le mani sui fianchi e dico: «Io scendere a stazione Dora.» «No, Porta Susa.» dice.

«No, io Dora, io andare in via Bra.» È vero che abitavo in via Bra.

Sento che parlottano. Unica sono scesa alla stazione Dora.

Lì, proprio di fronte, c'era un ristorante e avevamo un recapito lì. Sono arrivata con le due pistole e i buoni di requisizione, mi sono seduta.

Arriva il principale e mi dice: «Sei livida, cosa è successo?»

«Dammi qualcosa di forte da bere.»

«Cosa c'è?»

«Aldo e Valentino erano armati.»

«Ma disgraziati non si deve prendere il treno …»

«Ormai le due pistole le ho io qua, tutte due.»

Loro sapevano che lì c'era un recapito, e finita la perquisizione, dopo un'ora, un'ora e mezza, sono tornati indietro.

Han preso il 19, sai che il 19 passava di lì. Assieme a loro c'era una signora di quarant'anni bionda, una bella signora. Viene lì e mi dice: «Forse lo hanno creduto tutti che lei era … ma io non l'ho creduta, perché con la coda dell'occhio ho seguito le sue manovre.

Ho chiesto a loro di portarmi qui per abbracciarla. Ma lo sapeva che erano armati?» Non potevo dirle: «Siamo della stessa formazione.» Rispondo: «L'ho capito perché ho visto che erano agitati.»

«Ah, ha fatto un gran gesto, signora!» Gran gesto, figurati! Mi dicono: «Non dire a papà Andrea … – perché era severissimo Andrea, – non dire a Andrea che eravamo armati: quello ci mette agli arresti perché quando c'è un ordine bisogna rispettarlo.»

Ad ogni modo dopo siamo andati lo stesso alla Microtecnica; loro non volevano più andare: «Ah, dopo un'esperienza così.»

Siamo andati. Io sono entrata dentro e loro sono restati fuori. Arrivo lì, quel direttore tutto pelato, tutto ossequiante mi dice: «Cosa desidera?«»Un cannocchiale prismatico.» «Ah, ma si fanno le crociere, perché quello è da marina.» «Ma, mi faccia vedere.»

Lo teneva lì in una vetrinetta. Era un po' perplesso e dice: «Signorina, – io non avevo la fede, – signorina …»

«Sì sì, mi dia quello che vede più lontano»

«Ma costa caro quello!»

«Non importa!»

Avevo fretta perché sai la fifa era … e tiro fuori il mio buono di requisizione. Dico: «Io sono una partigiana, ho bisogno di quello. Qui attorno ci sono cento partigiani, se io non esco viva, stanotte la Microtecnica salta in aria.»

È la forza della disperazione che fa fare queste cose. Lui mi ha incartato 'sto binocolo con degli insulti a non finire: «Ma non poteva fare un altro lavoro una bella ragazza come lei, non fare la puttana in mezzo ai partigiani.» Mi ha insultato in tutti i modi.

«Poi io devo rispondere …»

«E no, risponda con i buoni di requisizione, lei è dall'altra parte, quindi stia attento perché io darò informazioni e non so come se la passerà.» Ad ogni modo sono uscita, e quel giorno lì siamo ritornati a casa.

4.3 Beppe Fenoglio, 'L'andata', in *Opere*, II, ed. Maria Corti (Turin, Einaudi, 1977), 243–256.

'L'andata' is the second story in Beppe Fenoglio's collection *I ventitré giorni della città di Alba* (1952). Fenoglio gives a much more sombre depiction of partisan activity than is to be found in most Resistance writing.

Quando il meccanismo del campanile di Mango[2] cominciò a dirugginirsi per battere le cinque di mattina, Bimbo dal bricco dov'era stato un paio d'ore a far la guardia corse giù alla cascina dove gli altri dormivano. Il cielo principiava a smacchiarsi dal nero, ma laggiù la cascina appariva ancora come un fantasma rettangolare.

Entrò nella stalla facendo piano, lasciò la porta semiaperta perché n'entrasse un po' di chiaro ad aiutarlo a cercare e arrivò da Negus.

Negus aveva il posto migliore per dormire, dormiva nel cassone del foraggio e disponeva perfino d'una coperta, anche se era una vecchia gualdrappa da cavallo e puzzava d'orina e di grasso per ruote. Bimbo stese una mano per scuoterlo, ma Negus non dormiva già più e lo prevenne dicendogli: «Stai fermo, son già sveglio, sveglia gli altri tre.»

Bimbo andò, scavalcando corpi, a cercare Colonnello, Treno e Biagino e li svegliò uno dopo l'altro. Poi stette a guardarli mentre si mettevano faticosamente in piedi, si aggiustavano la camicia dentro i calzoni e guardavano di sbieco gli altri che restavano a dormire. Mentre poi si armavano, Bimbo tornò da Negus e come un domestico si mise a togliergli i fili di paglia di dosso.

Saltarono dalla lettiera sull'ammattonato, uscirono sull'aia e infilarono un sentiero col passo di chi comincia ad andar lontano. Colonnello sbirciò il cielo e disse: «Sembra che farà una bella giornata e questo è gia qualcosa.»

Dal sentiero sboccarono nello stradone di Neive. Al largo, Bimbo s'affiancò a Negus e dopo un po' gli disse: «Voglio vedere la faccia che farà Morgan quando torniamo, se tutto ci va bene. Mi piacerebbe vederlo una volta tanto che non sa più cosa dire. Questa è la volta buona che gli tappiamo la bocca.»

Negus senza guardarlo gli disse: «Piantala, Bimbo, d'avercela con Morgan. Se gli sto sotto io, puoi stargli sotto anche tu. Farai bene a non far più lo spiritoso con Morgan. Lui ha ventidue anni ed è un uomo, e tu sei un marmocchio di quindici, anche se come partigiano sei abbastanza anziano.»

Bimbo scrollò le spalle e disse: «Io ci patisco a vedere uno come Morgan comandare a dei tipi come noi. Non è che Morgan sia fesso, siamo noi che siamo troppo in gamba per lui. Io gli sto sotto perché vedo te che gli stai sotto. Ma non so se ci resisto ancora. Ma una maniera c'è per sopportare Morgan. Ed è che tu Negus ti prenda ogni tanto noi quattro e ci porti in giro a fare delle azioni per nostro conto.»

Negus non rispose, si voltò a vedere a che punto erano Treno, Colonnello e Biagino. Venivano staccati tenendo tutta la strada come la gioventù di campagna quando gira nei giorni di festa.

Scesero un altro po' verso Neive. Bimbo sogguardava Negus e gli vedeva una faccia scura e come nauseata. Pensò a che discorso fargli per interessarlo, gli sembrò d'aver trovato e così gli disse: «Lo sai, Negus, che ieri ho visto Carmencita?»

Negus calciò forte un ciottolo sulla strada e disse: «Bella roba mi conti. E chi non l'ha vista?»

«Ma io l'ho vista alla finestra che si pettinava. Addosso aveva solo una camiciola rosa e teneva le braccia alte. Ma come fa ad avere i peli neri sotto le ascelle se lei è bionda? Tu hai avuto del gusto a posar gli occhi su Carmencita, ma lei è venuta per trovar Morgan.»

Negus lo fissò per un attimo come se non sapesse che fare o che dire, poi gli tirò uno schiaffo sul collo e gli gridò:

«Crepa a farmi dei discorsi così!»

Da dietro Colonnello aveva visto e urlò avanti a Negus: «Dàgli, Negus, a quel merdino che si crede chi sa cosa, dàgli giù!» Ma Bimbo era già scattato in avanti e continuava a correre e a prender vantaggio. Negus invece rallentò e si lasciò raggiungere da quegli altri tre.

A metà tra Mango e Neive, la strada fa una serie di tornanti molto lunghi e noiosi a percorrersi, ma l'un tornante e l'altro sono congiunti da scorciatoie diritte e ripide come scale. Bimbo le sfruttava tutte, al fondo si fermava a guardar su se gli altri quattro le sfruttavano anche loro. Invece tenevano la strada e lui batteva i piedi per l'impazienza. Si sedette su un paracarro al principio dell'ultima scorciatoia e aspettò che arrivassero fin lì. Quando finalmente arrivarono, si alzò e fece per calarsi nella scorciatoia, ma Colonnello lo prese per un braccio e riportandolo sulla strada larga gli disse: «Senti, tu zanzarino, noi andiamo forse a lasciarci la pelle, ed è da stupidi prendere delle scorciatoie per questo. Cammina con noi. Di', che tipo è tua sorella?»

Bimbo si scrollò di dosso la mano di Colonnello e rispose: «Per lei garantisco io. State sicuri che farà la sua parte. Mia sorella è partigiana tanto quanto noi.»

«Ce l'avrà poi il coraggio di farci il segnale?»

«È lei che ci ha dato l'idea, no? E se ce l'ha data e si è presa una parte da fare, vuol dire che il coraggio ce l'ha. E poi ci ho pensato: non è mica difficile per lei, e neanche tanto pericoloso. Mettiamo che dopo il fatto la repubblica[3] annusi qualcosa e vada a interrogare mia sorella. Lei risponde: cosa ne posso io se sono da serva in una villa che è vicina a quell'osteria? E se la repubblica dice che l'hanno vista alla finestra a fare dei movimenti, lei risponde che era alla finestra a battere i materassi o a stendere della biancheria. Cosa credete che possano ancora dirle?»

Il paese di Neive dormiva ancora quando vi entrarono. Però l'albergo in faccia alla stazione aveva una luce accesa a pianterreno. Entrarono lì, si fecero dare pane e lardo e tornarono fuori a mangiare sotto il portico. Masticavano l'aria del mattino col cibo e guardavano un po' il cielo e un po' le finestre chiuse delle case.

Mangiando Bimbo disse: «Mia sorella ha anche notato che c'è un maresciallo della repubblica che è sempre in giro sulle prime colline di Alba. Questo maresciallo ha il pallino della caccia e gira sempre con un mitra e una doppietta. Non è più tanto giovane, ma mia sorella dice che ha la faccia decisa. Non fa niente, noi gli facciamo un tranello, gli pigliamo il mitra e ce lo teniamo e il fucile da caccia lo vendiamo a qualcuno e ci spartiamo i soldi.»

Treno ingollò un boccone e disse: «Si può fare, ma tua sorella ci deve tenere bene informati su questo maresciallo.»

Negus capiva che adesso quei quattro cominciavano a far progetti sul maresciallo e finivano col perdere la nozione di quello che dovevano fare in quel mattino. Così disse: «Il maresciallo sarà per un'altra volta, salvo che non ci venga tra i piedi proprio stamattina. Adesso si riparte.»

Colonnello gli mostrò quel che gli restava di pane e lardo, ma Negus gli disse: «Mangi per strada. Puoi, no?»

«Volevo prendermi ancora due dita di grappa.»

Ma Negus non permise e s'incamminò.

All'uscita del paese, s'imbatterono nella sentinella del presidio di Neive. Era della loro stessa divisione badogliana e domandò: «Dove andate, voi cinque di Mango?»

Rispose Colonnello: «Andiamo a farci fottere dalla repubblica di Alba.[4] Dov'è che bisogna cominciare ad aprir bene gli occhi?»

«Da Treiso in avanti. Fino a Treiso è ancora casa nostra.»

Quando si furono lontanati d'un venti passi, Bimbo si voltò e rinculando gridò alla sentinella: «Ehi, partigiano delle balle! Guarda noi e impara come si fa il vero partigiano! A far la guardia a Neive ti credi d'essere un partigiano? Fai un po' come noi, brutto vigliacco, che la repubblica andiamo a trovarla a casa sua! Da questa parte, da questa parte si va a casa della repubblica!» e indicava con gesti pazzi la strada verso Treiso ed Alba.

Colonnello aspettò che la sentinella rispondesse, ma quello taceva pur avendo la bocca aperta, come se non si capacitasse di tutti gli improperi che gli aveva mandato il più piccolo di quei cinque. Allora Colonnello sorrise e disse agli altri additando Bimbo: «Questo qui è davvero un merdoncino.»

Intorno a Treiso e dentro non trovarono nemmeno un borghese. Partigiani non se n'aspettavano, perché dalla caduta di Alba il paese mancava di guarnigione. Si fermarono nel mezzo della piazzetta della chiesa e stettero a gambe piantate larghe a guardare ciascuno il suo punto cardinale. Colonnello, che man mano che s'avvicinava ad Alba si sentiva crescer dentro un certo mal di pancia, corrugò la fronte e lentamente si mandò giù dalla spalla il moschetto.

Da quella piazzetta si domina un po' di Langa a sinistra e a destra le colline dell'Oltretanaro, dopo le quali c'è la pianura in fondo a cui sta la grande città di Torino. I vapori del mattino si alzavano adagio e le colline apparivano come se si togliesse loro un vestito da sotto in su.

Disse Negus, come tra sé: «Questo mondo è fatto per viverci in pace.»

Colonnello fece in fretta: «Senti, Negus, se c'è qualcosa in mezzo, non è detto che quest'azione sia obbligatorio farla proprio stamattina.»

Negus si riscosse. «Io non ho detto questo. Ci siamo fermati solo per prendere un po' di fiato. E adesso che l'abbiamo preso tiriamo avanti.»

Il resto del paese e la campagna appena fuori erano deserti e muti come il loro camposanto, non c'erano neanche bestie, neanche galline in giro. Finalmente videro un vecchio sull'aia d'una cascina che sovrastava la strada. Anche il vecchio li vide e parlò per primo: «Andate verso Alba, o patrioti?» e quando Negus gli ebbe fatto segno di sì, aggiunse: «Allora, quando siete al piano, lasciate la strada e mettetevi per la campagna. Si cammina meno comodi ma siete anche meno al pericolo.»

«Che pericolo volete dire?» gli domandò Negus da giù.

«Il pericolo della cavalleria. A quest'ora la repubblica di Alba manda sempre fuori la sua cavalleria, un giorno da una parte e un giorno dall'altra. Stamattina potrebbe mandarla nei nostri posti.»

Mentre si rincamminavano, erano tutt'e cinque concentrati. Bimbo disse: «Ma come fa la repubblica ad avere la cavalleria?» E Treno: «La cavalleria non si costuma più.»

Negus disse niente ma allungò il passo. Ed entrati nella valletta di San Rocco, lasciarono la strada e si misero per le vigne a salire la collina che è la penultima per arrivare ad Alba. Tenevano gli occhi bassi sul sentiero ma le loro orecchie fremevano. Dopo un po' che ascoltavano e a nessun patto sentivano rumor di cavalli, Treno rialzò la testa e disse: «Quel vecchio ci ha contato una balla. Se al ritorno lo ritroviamo, gli dico che non è salute contar balle ai partigiani.»

Alba è una città molto antica, ma a chi la guarda dalla collina i suoi tetti sono rossi come nuovi.

Erano finalmente arrivati a vederla ed ora la contemplavano stando per ordine di Negus al riparo dei tronchi degli alberi. Tutt'e cinque erano stati con Morgan alla occupazione e alla difesa della città e ora si ricordavano di quel tempo ognuno per proprio conto. Poi Biagino disse: «Pensare che solo due settimane fa c'eravamo noi dentro e loro erano di là, – e mostrava la stretta pianura a sinistra del fiume – e io avrei giurato che non passavano.»

Disse Colonnello: «A me non m'importa proprio niente che abbiamo perso Alba. Io ci stavo male in Alba. Avevo sempre paura di far la fine del topo.»

Ma Bimbo: «Era un altro vivere, non fosse altro che camminare sui marciapiedi, era tutt'un'altra comodità.»

Colonnello rispose a Bimbo: «Per me l'unica comodità che valeva era quella del casino. Tolta quella comodità lì, io mi sento meglio sulla punta d'un bricco che dentro qualunque cittadella.»

Scesero metà collina, a sbalzi e facendosi segni invece che parlare. Di novembre la campagna nasconde poco o niente e quella collina sta dirimpetto alla città. Ripararono in un canneto. La schiena curva e le mani posate sui ginocchi, Negus disse a Bimbo: «Su, Bimbo, guarda un po' se sei buono ad orientarti. Dov'è la villa che c'è tua sorella da serva?»

«La vedete quella villa coi muri color celeste e il tetto puntuto? È quella villa lì, e l'osteria è subito sotto.»

Lasciarono il canneto e mentre si muovevano Colonnello diceva: «Va bene, va bene, non facciamo solo confusione, studiamo bene il terreno.» Aveva voglia d'andar di corpo, ma non pensava a fermarsi per paura di rimanere indietro tutto solo. Fecero a sbalzi un tratto allo scoperto, poi trovarono una stradina sepolta tra due siepi di gaggia. L'infilarono e la seguirono fin che si videro dinanzi un gran canneto. Bimbo disse senza esitare: «È proprio in quelle canne che dobbiamo andarci a mettere. Di là dentro si vede sia la villa che l'osteria.» Prima lui e poi gli altri andarono al canneto, correndo piegati in due e l'arma in posizione. Su un poggio sopra la stradina c'era una casa e sul ballatoio una donna che rovesciava nell'aia l'acqua d'un catino. Li vide per caso, ma subito li riconobbe per quelli che erano e fece una faccia di disgrazia. Biagino si fermò a scrutarla, poi si portò un dito sulla bocca e così stette finché lei non fece segno con la testa che aveva capito e che avrebbe ubbidito. Poi Biagino entrò anche lui nel canneto in tempo per sentire le spiegazioni di Bimbo.

A trenta passi di fronte c'era un cortile con in fondo l'uscio che dava nel retro dell'osteria e subito a destra la facciata della villa con una finestra aperta.

Stavano quanto mai scomodi, inginocchiati sulla terra umida, le canne erano fitte e dure, ad ogni loro mossa davano un suono come il gracchiare dei corvi in volo.

Colonnello disse: «Stiamo bene attenti a quello che succede, perché in mezzo a queste canne siamo come pesci in un tramaglio.» Quel bisogno gli premeva dentro, lui muoveva di continuo il sedere in tondo e ogni tanto faceva languide smorfie.

Negus disse: «Tu Bimbo tieni d'occhio la finestra, tu Biagino guarda sempre dalla parte di Alba e noialtri guardiamo l'osteria.»

Così facevano, e dopo un po' Biagino disse piano che guardassero tutti dalla sua parte. Puntò un dito verso tre uomini in arme che incedevano giù nel viale di circonvallazione. Il viale era lontano e basso e c'era in aria quel brusio che di giorno sale dalle città, ma loro cinque sentivano distintamente la cadenza di quei tre sull'asfalto.

Biagino inghiottì saliva e disse: «È una ronda. Io che ho il moschetto di qua potrei sparargli.» Spianava il moschetto tra le canne. «Non sparo mica, – disse – guardo solo se si mirano bene.»

Spostava impercettibilmente il moschetto per accompagnare con la mira quei tre che procedevano laggiù e da così distante sembravano marionette. Gli altri quattro sapevano bene che era soltanto una prova e che alla fine Biagino non sparava, eppure col fiato sospeso guardavano come affascinati un po' l'occhio di Biagino sgranato dietro la tacca di mira, un po' la punta vibrante del suo moschetto e un po' quella ronda laggiù. Poi Negus calò una mano sul moschetto di Biagino e disse: «Basta. Tanto non li coglieresti. Non hai mai avuto il polso fermo.»

Al campanile del duomo batterono le nove e mezzo.

A quell'ora, un sergente della repubblica uscì dal Seminario Minore che era stato trasformato in caserma e in cinque minuti arrivò al posto di blocco di Porta Cherasca. C'era una garitta appoggiata al tronco del primo platano del viale, una mitragliatrice posata sull'asfalto e puntata alla prima curva dello stradone della collina e di servizio quattro o cinque soldati poco più che ragazzi che quando arrivò il sergente si diedero un contegno tal quale fosse arrivato il capitano.

Il sergente accese una sigaretta e dirigendo il fumo della prima boccata verso la collina dirimpetto, domandò: «Che movimento c'è sulle colline?»

Rispose un soldato: «Non c'è nessun movimento, sergente, ma noi stiamo sempre all'erta lo stesso.»

Un altro cominciò: «State tranquillo, sergente ...» ma il sergente si tolse la sigaretta di bocca e lo fissò a lungo finché poté credere che quella recluta avesse capito che se c'era uno che stava sempre tranquillo quello era proprio lui.

Poi andò lentamente alla mitragliatrice, ci si curvò sopra ed esaminò lungamente dove e come era puntata. Si rialzò, fumava e soffiava il fumo verso le colline. Tutt'a un tratto buttò la sigaretta e disse: «Ragazzi, vado a far quattro passi in collina.» Con la coda dell'occhio vide che i soldati lo ammiravano. «Se ogni tanto mi date un'occhiata e per un po' non mi vedete più, non pensate male. Sarò solo entrato a bere un bicchiere di moscato in quell'osteria alla terza curva.»

Il soldato che poco prima s'era preso quella guardata disse con premura: «Volete il mio moschetto, sergente?» ma il sergente tirò a metà fuori dalla tasca una sua grossa pistola e partì per lo stradone.

Alla prima svolta guardò rapido indietro al posto di blocco e notò che i soldati lo seguivano fedelmente cogli occhi. Soddisfatto, sciolse il passo e si disse che per fare un'impressione ancora più profonda doveva smetterla di scattare ad ogni momento la testa a destra e a sinistra. Fermò la testa, ma roteava gli occhi come certi bamboloni. Incontrava rara gente, donne per lo più, e un uomo che se lo vide spuntar davanti all'uscita della seconda curva scartò come un cavallo, ma poi si dominò e camminava compunto come un chierico.

Intanto, nel canneto dietro l'osteria alla terza curva, i cinque partigiani avevano le ginocchia rigide per l'umidità della terra e non s'aspettavano più di sentir passi di militare sull'asfalto vicino. Colonnello s'era finalmente sgravato, ma non s'era azzardato ad andar troppo lontano a fare quel deposito, ed era mezz'ora che gli altri quattro lo maledivano. La sorella di Bimbo s'era fatta alla finestra già un paio di volte, ma senza mai sciorinare niente di bianco. Li aveva semplicemente guardati stando con mezza faccia nascosta da uno spigolo, da giù non le vedevano che una pupilla straordinariamente nera e sgranata.

Colonnello disse: «Mi rincresce, Bimbo, ma tua sorella si dev' essere sbagliata. Quest'osteria, a vederla da qui dietro, ha tutta l'aria d'una vera bettola. E i repubblicani non sono mica pitocchi come noi. Se vogliono, possono pagarsi le bibite nei più bei caffè di Alba.»

Bimbo disse: «Forse ci vengono perché qui hanno il vino buono. O forse perché c'è una bella ragazza da cameriera.»

Biagino schiaffeggiò la canna del suo moschetto e disse: «Io spero solo che quelli che vengono abbiano addosso almeno un' arma automatica. Io sono stufo di questo moschetto, ne sono vergognoso. Voglio un'arma che faccia le raffiche.»

Il sergente arrivò alla terza svolta e traversò per andare all'osteria. Traversando, alzò gli occhi alla villa accanto. C'era alla finestra una ragazzina che lo fissava con un paio d'occhi da serpente. Lui s'incuriosì, guardò meglio e poi si disse che la ragazza, per quel che se ne vedeva, non era ancora matura perché lui le ricambiasse un'occhiata di quella forza.

Entrò. La porta dell'osteria aveva un campanello come le botteghe di paese. Mentre lo squillo durava, il padrone sporse la testa da dietro una tenda e poi si fece tutto avanti. Non era la prima volta che quel sergente gli veniva nel locale, non aveva quindi da temere che fosse lì per perquisizioni, interrogatori o altro di peggio. Infatti il sergente salutò, comandò un bicchiere di moscato e si sedette accavallando le gambe. Posò la pistola sul tavolo accanto e sulla pistola posò la gamba destra.

La figlia dell'oste fece capolino dalla tenda. Il sergente scavallò le gambe e le disse: «Ciao, Paola, non vieni fin qui?» e mentre lei veniva, lui pensava che a sedici anni e con le fattezze campagnole, la ragazza come carne prometteva. Le disse ancora: «Come va l'amore, Paola?»

94

«Non va perché non è ancora arrivato, signor sergente.»

«Ma arriverà, no?» e sorridendo levò la mano da sopra la pistola.

La ragazza disse: «Speriamo.» e si voltò a ricevere da suo padre il bicchiere di moscato. Non era cameriera, glielo portò adagio adagio e senza mai staccar gli occhi dall'orlo e dalla sua sedia il sergente si protendeva per accorciarle la strada.

L'oste tornò verso la tenda, ma non usciva. Cercava nella mente cos'era che doveva fingere di fare per rimanere, voleva sentire che discorso veniva fatto a sua figlia e soprattutto vedere se il sergente teneva le mani a posto.

Il sergente comprese la diffidenza e se ne risentì: tolse il bicchiere dalla bocca, domandò: «Allora, padrone, cosa dice la radio inglese, voi che la sentite sempre?»

L'oste si rigirò per far dei giuramenti, ma uno spintone alle spalle lo rovesciò su un tavolo. E ci fu una voce che riempì la stanza. «Mani in alto!» diceva, e l'oste alzò le mani.

Prima di lui le aveva alzate il sergente, ora fissava l'orifizio nero dell'arma di Negus a un palmo dal suo petto. Bimbo tirò da una parte la ragazza dicendole: «Via di mezzo, o bagascetta!» e andò a ritirare la pistola sul tavolo.

L'oste s'era trascinato vicino alla tenda. Quando ci passarono, disse con un filo di voce sia al sergente che ai partigiani: «Noi non c'entriamo niente!» e poi corse da sua figlia ch'era rimasta come se avesse un ciottolo in gola.

Nel retro la moglie dell'oste scappò a Treno che le faceva la guardia e arrivò ad aggrapparsi al braccio di Negus gridando: «E adesso cosa ci fa la repubblica? Cosa le diciamo alla repubblica?»

Negus se la scrollò, ma la donna s'attaccò a Colonnello. «Cosa le diciamo alla repubblica? Si metteranno in testa che vi abbiamo aiutati noi! Ammazzano il mio uomo e ci bruciano il tetto!»

Colonnello le disse: «Aggiustatevi. Contatele delle balle alla repubblica!» e in quel momento giunse Treno che abbrancò la donna per la vita e la tenne fino a che non furono usciti.

Biagino fece segno di via libera e subito dopo chiese: «Che arma aveva questo bastardo?» e come Bimbo gli mostrò la pistola, corse alle spalle del sergente e gli tirò un calcio in culo. Lo pigliò nell'osso sacro e il prigioniero s'afflosciò rantolando. Ma Biagino lo rimise diritto e gli disse: «Non far finta, carogna, t'ho preso nel molle.»

Dal canneto saltarono sulla stradina tra le gaggie. Fecero senza tregua due colline, marciando tutti curvi, come se alle spalle avessero un gran vento. Poi arrivarono nella valletta di San Rocco, e si ritrovarono al limitare di casa loro, e allentarono il passo e la guardia al sergente.

Colonnello chiese a Negus di passare per il villaggio di San Rocco. «È un'ora buona e ci saranno donne in giro che tornano dal forno, – disse – e noi facciamo bella figura a farci vedere con quello là prigioniero.»

Ma Negus disse di no. Guardava la schiena del sergente tra l'ira e la pietà, voleva ammazzarlo per toglierlo via dal fargli la pena che gli faceva, provava una gran stanchezza, una nausea. Ad un bivio il sergente si fermò, si voltò e con degli occhi da pecora morta chiedeva per dove prendere. Negus si riscosse. «Eh? Ah, a sinistra, sempre a sinistra.» e gli segnò la strada con la canna della sua arma.

Al loro passaggio, i cani alla catena latravano e la gente delle cascine si faceva cauta sull'aie a spiare in istrada. I più vecchi, vedendo il repubblicano e riconoscendolo cercavano di ritirarsi e non facendo in tempo s'irrigidivano a guardare impassibili. Ma poi, passato il sergente, si voltavano ai cinque e battevano le mani, ma solo la mossa facevano e non il rumore. I ragazzi invece si mettevano bene in vista e avevano gli occhi lustri. Uno si calò per una ripa incontro a Treno che faceva la retroguardia e tenendosi a una radice si sporse a domandargli: «Di', partigiano, lo ammazzate?»

«Sicuro che lo ammazziamo.»

L'altro guardò la schiena del sergente, poi disse: «Mi piacerebbe andare a sputargli in un occhio.»

Treno gli disse che loro glielo lasciavano fare, ma il ragazzo ci pensò su e poi risalì.

La strada ora montava. Colonnello guardò il ciglio di una collina e disse: «Oh guarda il camposanto di Treiso. C'è il sole che ci batte in pieno. Là c'è Tom. Che tipo era Tom quando avevano ancora da ammazzarlo. Però bisogna dire che si è fatto ammazzare da fesso.»

«Cristo, non dire che è morto da fesso! – gridò Negus – è morto e ha pagato la fesseria e quindi più nessuno ha il diritto di dire che è morto da fesso!»

«Dio buono, Negus, devi avere il nervoso per venirmi fuori con dei ragionamenti così …» cominciò Colonnello, ma non finí, afferrò con una mano il braccio di Negus e l'altra mano se la portò all'orecchio dove gli era entrato rumor di zoccoli di cavalli.

Tutti lo sentivano e si serrarono intorno a Negus. Biagino disse: «È la cavalleria. La cavalleria che ci ha detto quel vecchio» in un soffio.

Negus ruppe il cerchio che i suoi gli facevano intorno, alzò l'arma e gridò al sergente: «Torna subito indietro!»

Il sergente rinculava adagio nel prato verso il torrente e teneva le braccia larghe come chi fa dell'equilibrismo. Ma non staccava gli occhi dall'arma di Negus e gli gridò: «Non sparare! È la nostra cavalleria. Non sparare, possiamo intenderci!» e rinculava.

Negus lo puntò e gli gridò con voce raddoppiata: «Vieni qui!» perché il rumore dei cavalli cresceva.

Il sergente fece un grande scarto e voltandosi partì verso il torrente. Negus fece la raffica, il sergente cadde rigido in avanti come se una trappola nascosta nell'erba gli avesse abbrancato i piedi.

Colonnello scoppiò a piangere e diceva a Negus: «Perché gli hai sparato? Ci poteva venir buono, facevamo dei patti!»

Là dove la strada culmina sulla collina arrivavano bassi soffi di polvere bianca e il rumore del galoppo era ormai come il tam-tam vicino nella foresta. Allora Negus urlò: «Lasciate la strada, portatevi in alto!» e dalla strada saltò sulla ripa e dalla ripa sul pendio. Ma appena ci posò i piedi, capì che quello era il più traditore dei pendii. L'erba nascondeva il fango.

I cavalleggeri apparvero sul ciglio della collina e subito galopparono giù. In aria, tra i nitriti, c'erano già raffiche e moschettate.

Negus scivolava, ficcava nel fango le punte delle scarpe, ma ci faceva una tale disperata fatica che voleva scampare non foss'altro che per riprovare il piacere d'applicare sulla terra tutt'intera la pianta del piede. Si buttò panciaterra e saliva coi gomiti. Voltò mezza testa e vide giù nella strada Bimbo lungo e disteso sulla faccia. Doveva esser caduto un attimo prima perché sopra il suo corpo era ancora sospesa una nuvoletta di polvere. Dieci passi più avanti, un cavalleggero spronava contro Colonnello che cadeva in ginocchio alzando le lunghe braccia.

La gran parte dei cavalleggeri era già smontata e i cavalli liberi correvano pazzamente all'intorno.

Negus si rimise a strisciar su, ma cogli occhi chiusi. Non voleva vedere quanto restava lontana la cima della collina, e poi le gobbe del pendio gli parevano enormi ondate di mare che si rovesciavano tutte su lui.

Ci fu un silenzio e Negus per lo stupore si voltò. Vide che quattro o cinque cavalleggeri smontati prendevano posizione sulla strada rivolti a lui. Guardò oltre e vide Treno e Biagino addossati al tronco d'un albero nel prato dov'era caduto il sergente. Una fila di cavalleggeri li stava puntando, da pochi passi. Urlò, si mise seduto e scaricò l'arma contro quell'albero. Poi si rivoltò.

Echeggiarono colpi, ma non vennero dalla sua parte e Negus pensò che erano stati per Treno e per Biagino.

Subito dopo lo rasentò una moschettata e lui si disse che era tempo. Aveva l'arma vuota, ma non pensava a ricaricarla, la voglia di sparare era la prima voglia che lo abbandonava. Strisciava su.

Dalla strada sparavano fitto, ma non lo coglievano, e sì che lui era un lucertolone impaniato nel fango d'un pendio a tramontana.

Si girò a vedere se qualcuno l'inseguiva su per il pendio, e se a salire faceva la sua stessa pena. Ma erano rimasti tutti sulla strada e stavano allineati a sparare come al banco d'un tirasegno. Il primo a sinistra era distintamente un ufficiale. Sulla punta dell'arma dell'ufficiale, infallibilmente spianata su di lui, vide scoppiare dei colori così ripugnanti che di colpo il vomito gli invase la bocca. Scivolava giù per i piedi, e le sue mani aperte trascorrevano sull'erba come in una lunghissima carezza. A una gobba del terreno non si fermò, ma si girò di traverso. Prese l'avvio e rotolò al fondo e l'ufficiale dovette correre da un lato per trovarsi a riceverlo sulla punta degli stivali.

**4.4 Renata Viganò, 'Il viadotto', in *Matrimonio in brigata*
(Milan, Vangelista, 1976), 59–64.**

This passage is taken from Renata Viganò's collection of short stories,
Matrimonio in brigata. It describes the blowing up of a bridge, albeit on
the second attempt. It seems to be modelled on a similar scene from a
famous literary precedent, Hemingway's *For Whom the Bell Tolls*, whose
influence on Italian Resistance writing, and on post-war Italian writing in
general, has been well documented. The stories by Viganò and Fenoglio
are set in roughly the same time, the winter of 1944. The fact that one
describes a successful partisan action, while the other ends in the death of
the partisan protagonists, illustrates how fortune (as well as careful
planning) played such an important role in the Resistance.

Diceva spesso: «Potevo stare a Bologna, all'Università. Avrei fatto
la mia tesina,[5] la laurea in ingegneria. Una bella tesina! – mostrava
allora la sua ridente faccia cagionevole, che non riusciva ad
abbronzare come gli altri al sole della montagna – Il guaio era che
bisognava andare in camicia nera: e al mio colorito non dona».
Strizzava un occhio, e sembrava allora molto giovane. In brigata il
suo nome di battaglia era «Tesino».

Erano tutti accampati lassù, in una frazione senza strada che si
chiamava *La Cantoria,* forse per una specie di rovina diroccata che
assomigliava vagamente a una cappella. Una sola famiglia era
rimasta vicina ai partigiani, nella casetta più a valle. Era gente
coraggiosa e fidata, il padre, la madre, due ragazze belle e mature
che lavoravano da uomini. Uno dei figli era morto in Grecia,[6]
l'altro non si sapeva dove fosse: «Certo né con fascisti né con
tedeschi, il nostro Primo,[7] se pure …» diceva il capo di casa,
Valente, e si fermava a quel «se pure» pieno di angoscia, quando
incontrava lo sguardo della moglie Gigia.

Era sempre «Tesino» che lo confortava: «Coraggio, babbone. Il
Primo tornerà, ora è come noi, coi partigiani. Arriverà qui quando
noi ce ne andremo! …». Faceva il suo solito modo di guardare,
malizioso e stupito, chiamava Valente «babbo» e «babbone», ma
non mai «mamma Gigia» come tutti gli altri. Una sera che aveva
voglia di sfogarsi, forse non ce la faceva più a star zitto in mezzo a

tutta quella gente che parlava poco, spiegò anche il perché. Lui il babbo non l'aveva conosciuto; non c'era, insomma: si chiamava col nome della mamma. Ma questa sua mamma sola era stata una meraviglia:

«Io ho avuto tutto, anche più degli altri bambini, e sempre lavorava lei. Faceva la sarta, e io ero un signore. Anche da ragazzo e da studente. Per questo diventerò ingegnere, e un giorno la mamma farà la signora a sua volta. E alla Gigia le voglio un gran bene, ma non posso dirle mamma …» si volgeva intorno come a chiedere scusa, la Gigia rideva con i suoi occhi azzurri tra le pieghe delle rughe, Fosca e Tita, le ragazze, dicevano sì, sì, perché in fondo non gli importava niente, i ragazzi della brigata un po' si divertivano e un po' si seccavano di tante smancerìe. Specialmente «Ugone» brontolò una sera, disse che non gli piacevano le storie di signori, e che la mamma a casa l'aveva anche lui e gli altri, e proprio si perdeva il tempo e il cuore a ciarlarne.

«Vuoi dire che ti indebolisci a ricordare la casa» gli osservò il comandante «Sarno», uno che voleva sempre vederci dentro fino in fondo a tutte le cose.

«No – rispose «Ugone» – Ma guarda: da quando ho deciso e sono venuto in montagna, non mi piace la «ciancia», bella o brutta che sia, e neppure tra noi. Le azioni tengono caldo, non le parole.»

«E va bene – disse «Sarno», con quella sua voce agra dal tabacco o, in mancanza, dalle sigarette d'erba secca – Ma non esageriamo. Tra noi è meglio discorrere, nelle ore che non abbiamo da fare. Altrimenti non ci si conosce, e nell'azione sembriamo insieme per caso. Molte cose vanno a male, appunto perché ci si sente estranei, anche se siamo della stessa idea o paese.»

«Tu ne sai più di me – concluse «Ugone» – Io faccio presto a scordarmi di quanto sono ignorante.»

Scuoteva la sua grossa testa ostinata, e si stupì che il comandante gli mettesse un braccio intorno al collo e lo stringesse con inattesa cordialità. Piccolo di statura com'era, ci arrivava appena, tanto più che i gesti affettuosi risultavano in lui impacciati e rarissimi.

L'autunno spogliò gli arbusti magri dell'altipiano, che non aveva boschi né prati, ma soltanto pendii nudi di slavine e di calanchi. Il vento era freddo e già con il colore dell'inverno. «Nevica presto» disse Valente, e si affrettava a portare al pascolo la mucca e le pecore per risparmiare il poco foraggio nel fienile. I partigiani discutevano se fosse meglio cambiare posto.

«Qui non si fa niente – disse «Sarno» – Le strade sono lontane. Se il maltempo ci blocca ci troveremo a svernare come degli sfollati. I tedeschi non verranno mai sulle creste, oppure faranno un attacco in forza e ci toccherà svignarcela. Abbiamo scelto un posto maledetto.»

«A parte il fatto – osservò «Mangione», un ragazzo di gran forza, che però aveva sempre fame – che non possiamo contare sulle riserve della famiglia, e noi qui non abbiamo abbastanza ...»

«Andiamo via – tagliò corto il comandante – Manderemo una staffetta a quelli del Cimazzo. Ci uniremo alla loro formazione che è sempre all'attacco sui nodi stradali. C'è da fare laggiù contro i rifornimenti tedeschi ...»

Nel gelido spazio dello stanzone, intorno al piccolo fuoco senza fiamma, si agitarono con gioia tutti i ragazzi in attesa. Erano stanchi di rimanere nascosti, inerti, in quella piana arida e rocciosa, dove si combatteva soltanto contro il vento.

«Ma, scusa» suonò a un tratto una voce debole e interrogativa. Tutti si volsero. Era «Tesino»: «Scusa – ripeté, facendosi avanti – Non abbiamo pensato al viadotto.»

«Il viadotto?» chiese «Sarno» e, come gli altri mormoravano, esclamò: «Silenzio.»

«Non è a pochi passi – spiegò «Tesino», e gli passavano sul viso i riflessi scuri e rossi del fuoco – Ieri ho camminato quattro ore: due all'andata, due al ritorno.» Sorrideva con la felicità di un bambino.

«È bello – continuò – regge la strada provinciale contro il fianco della montagna. Un lavoro ammirevole, tutti i piloni di traverso, per trovare la roccia e non la terra friabile. Se si potesse buttar giù, sarebbe interrotto il traffico dei tedeschi. E ciao, di lì non si passa più!»

«È una idea – disse il comandante – Possiamo rimanere qui un altro poco.»

Parlarono insieme a lungo, attorno alle braci spente. Nessuno sentiva più il freddo, e anche «Ugone», il più lento, era vivace ed entusiasmato, forse anche un poco ebbro come se avesse bevuto un bottiglia di vino buono. Passarono le ore della sera come un lampo. Più tardi tutti dormivano, tranne i due uomini di guardia, soffianti e tremolanti in attesa del cambio.

La neve cominciò a venir giù quasi avesse curiosità di quel che stava per accadere. Giù, giù, giù come una tela trapunta tirata da un rullo su un palcoscenico.

«A guardarla fa male agli occhi.» diceva «Tesino».

« Fa male a tutto.» disse «Ugone», eccitato come se il tempo gli facesse una offesa personale. Si misero in marcia dalla casa di Valente verso mezzogiorno «Sarno» e sette degli uomini, tra cui «Ugone» e «Mangione». Altri cinque rimasero.

«Non far le bizze, Tesino. – consigliò «Sarno» con il suo sistema sbrigativo, un'occhiata scura su parole gentili – Ci guida Tita, per trovare il posto.»

Lui li guardò andar via, una breve fila di uomini neri, con i piedi affondati nella neve. All'ultimo momento non capì neppure quale fosse Tita: «Mah! – fece con dolore – La Tita è una ragazza!»

Aveva la faccia così piccola e buffa in quel momento, che si mise a ridere anche la Gigia. Poi ognuno riprese il suo posto, di lavoro o di aspettativa, passando goccia a goccia quelle che erano sempre le ore più stanche e peggiori. Mentre gli dava la scodella di zuppa, la Fosca mormorò a «Tesino»:

«Siamo pratiche del viadotto, noi e tutte le ragazze dei dintorni. Ci si trovava coi nostri innamorati!»

Guardarono insieme il cielo bianco, la neve che si era mangiato il sentiero, l'ondata lenta che scendeva, chiara, grigia: pareva impossibile parlare delle passeggiate di innamorati sotto gli archi del viadotto, pieni di ginestre e di sambuchi, con il sole sull'erba. Tre partigiani e Valente giocavano a tressette. La Gigia era attorno al fuoco con i suoi scarsi tegami.

«Andiamo io e te di guardia fuori, Tesino.» disse Fosca, forte, che sentissero anche gli altri. Forse voleva consolare lui, o non essere di meno della sorella.

«Sentiremo anche meglio l'esplosione.» rispose «Tesino». Le corse dietro, stretto nel paletò troppo leggero, dentro la neve scricchiolante.

L'esplosione non ci fu. «Sarno» rientrò con i suoi, e portò dentro un odore scialbo di gelo e una nuvola di fiato. Erano tutti rossi o lividi, si scrollarono rumorosamente le scarpe e i cappotti. Si vedeva nei loro movimenti informi la collera dell'impresa non riuscita. Se ne andarono alla loro cappella diroccata dopo aver sciolto alla meglio il freddo dalle giunture, si buttarono tra paglia e coperte. Nessuno aveva voglia di parlare.

«Sarno» mise al corrente quelli che non avevano preso parte all'impresa: «Il posto l'abbiamo trovato bene, sia pure con la neve ai ginocchi. Quella ragazza è bravissima. Montando le cariche, avevamo pensato di buttarci su per la montagna, quando andammo l'altro giorno a portar l'esplosivo. Stavolta invece la neve era alta, abbiamo allungato la miccia per darci tempo a scappare almeno sulla strada, e metterci a distanza di sicurezza. La miccia lunga si è bagnata, spenta. Maledetto tutto …»

«Forse potrei venire io, quest'altra volta.» disse la voce mite di «Tesino».

«Non so se ci sarà «un'altra volta» – rispose «Sarno» – Adesso silenzio, e cercate di farvi caldo addosso. Di più non posso dire.»

Pareva così, ma il viadotto era ormai nel pensiero dei partigiani come una necessità. Ne parlavano a ogni momento, anche senza nominarlo. Si chiamava, nei loro discorsi, «laggiù». L'inverno era steso sulla montagna con cataste di neve e bufere di vento. Ma alla Cantoria e nella casa di Valente si pensava a «laggiù» come i credenti pensano al paradiso. «Laggiù» passavano tedeschi e fascisti con i loro automezzi carichi, era una strozzatura, una piega fatta da archi in curva. Fra i partigiani ognuno aveva la sua parola da dire. Riunite insieme tutte le parole, non restava che fare saltare il viadotto. Anche «Ugone» ammetteva che la «ciancia» serviva a qualcosa.

Si misero in marcia di nuovo un giorno che cominciò a piovere. Si scioglieva il gelo in un'acqua che infradiciava fino alla pelle. I passi andavano giù nel bagnato senza il riparo della neve, furono tutti in pensiero per l'esplosivo che pur protetto poteva tirare l'umidità e dissolvere la sua potenza. «Tesino» andava con la Fosca alla fine della fila, sorrideva a tratti senza ragione. Anche la sua faccia trepida s'era abbronzata con il riverbero crudo della neve. Sembrava, ed era, molto felice. Arrivarono «laggiù», si sparpagliarono nei buchi e archi del viadotto, erano infine dove desideravano da tanto tempo. Ore e ore di lavoro duro. Passavano sferragliando i camion tedeschi con gli autisti tranquilli su quella strada isolata, e bisognava fermarsi e nascondersi pure se li aiutava il buio. Bastava il lampo di un faro a scatenare un disastro. Invece non accadde nulla, e ritornarono camminando tra le pozzanghere. Le micce erano lunghe, ma in luogo asciutto. Non potevano sbagliare.

Sentirono l'esplosione, imponente, da lontano. Gridarono di gioia nel deserto della montagna, si abbracciarono non tanto stretti per i loro indumenti bagnati, ritornarono alla casa alla Cantoria per riscaldarsi con poco fuoco e poco cibo.

«Ho fatto la mia laurea sul viadotto.» disse «Tesino» volgendo intorno la sua faccia calda di bimbo.

Notes

1 Marius: a clothes department store. Microtecnica: a shop/laboratory for technical instruments.
2 Town in the Langhe region of Piedmont.
3 The Fascists of the Repubblica Sociale Italiana.
4 Alba is the principal town of the Langhe. It was occupied by partisans in October 1944, but was retaken in early November. On the 50th anniversary of the liberation, Italian state television's main channel (RAI 1) held its major outside broadcast from Alba.
5 In order to graduate, all Italian university students have to complete a 'tesi di laurea': a substantial dissertation.
6 Italy invaded Greece in 1941.
7 Primo is the name of the missing son.

PART 5 Violence

5.1 Claudio Pavone, 'Il problema della violenza nel contesto bellico', from 'La violenza' in *Una guerra civile: saggio storico sulla moralità nella Resistenza* (Turin, Bollati Boringhieri, 1991), 412–415.

Pavone devotes an entire chapter to the question of violence in his book *Una guerra civile*. This passage is the first section of the chapter and gives a good idea of the nature of Pavone's approach. The five sections which follow it are: 'Violenza resistenziale and violenza fascista'; 'Autodisciplina e organizzazione della violenza. Il sistema punitivo'; 'Le rappresaglie e le controrappresaglie'; 'La guerriglia urbana e i GAP'; 'La violenza insurrezionale'.

I tre aspetti della Resistenza distinti nei capitoli precedenti – le tre guerre – hanno come tratto comune l'esercizio della violenza. La violenza resistenziale si presta così a un discorso sintetico che, se non potrà evitare la ripresa di alcuni temi già affiorati, offre peraltro l'opportunità di meglio chiarirli. La violenza cruenta sta al centro di questo discorso; ma attorno ai problemi che essa pose si possono raggruppare alcuni degli argomenti ormai entrati nella tradizione storiografica della Resistenza.

Non si tenterà una ricostruzione quantitativa, e imprecisa, degli atti di violenza compiuti dalle due parti in lotta. Se si ricorda che durante la seconda guerra mondiale sono state complessivamente soppresse attorno ai 50 milioni di vite umane, l'ordine di grandezza dei caduti italiani fra il settembre del 1943 e l'aprile del 1945 è piuttosto esiguo: 44.720 partigiani caduti e 9.980 uccisi per rappresaglia, ai quali vanno aggiunti 21.168 partigiani e 412 civili mutilati e invalidi. In totale dopo l'armistizio si ebbero 187.522 caduti (dei quali 120.060 civili) e 210.149 dispersi (dei quali 122.668 civili). Fra il 10 giugno 1940 e l'8 settembre 1943 le forze armate italiane avevano avuto 92.767 caduti (cui vanno aggiunti 25.499 civili), mentre i dispersi erano stati 106.228. Complessivamente le perdite italiane nel secondo conflitto hanno dunque raggiunto (morti e dispersi, militari e civili, maschi e femmine) le 444.523 unità. Altri paesi hanno avuto esperienze ben più sanguinose: l'Unione Sovietica 20 milioni di morti, dei quali 7 milioni di civili (complessivamente, il 10 per cento della popolazione); la Jugoslavia 1.690.000; la Polonia 6 milioni (il 22 per cento della popolazione, la percentuale più alta nel mondo, dovuta alla quasi totale eliminazione di 3 milioni e mezzo di ebrei). La Germania ha subito circa 5 milioni di perdite umane, il Giappone 1.800.000. L'enormità della violenza scatenata nella prima guerra mondiale può dunque apparire che si sia riversata sull'Italia, durante la seconda guerra e durante l'occupazione tedesca, in misura relativamente modesta.

Il discorso non può tuttavia essere circoscritto nell'ambito quantitativo, e non solo perché il numero delle vittime è comunque elevato e la reazione che esso suscita trascende subito la materialità del conteggio, ma perché si correrebbe il rischio di eludere i problemi di fondo, storici e morali, posti dall'uccisione di altri uomini e dal riconoscimento, o disconoscimento, della liceità di essa. Oggi, di fronte alla tanta violenza operante nel mondo, è avvertibile chiaramente – in Italia, in particolare, dopo il terrorsmo – la dicotomia fra il rifiuto totale e metastorico della violenza, in specie di quella cruenta, e il rinvio invece alla situazione storica come fondatrice, o denegatrice, della liceità, o addirittura del dovere, dell'uccisione di altri uomini. Lo studioso di storia, e quello della società contemporanea in modo più acuto, avverte che sposare integralmente la prima posizione significa porsi fuori del discorso che, per il mestiere che esercita, è tenuto a svolgere, e appiattire di conseguenza l'una sull'altra tutte le guerre, tutte le rivoluzioni, tutte le stragi, tutte le esecuzioni capitali: in una parola, fare di tutto «la stessa pappa» (come si esprime una mia amica mitteleuropea, Irene Nunberg, ebrea, fra le poche superstiti dello sterminio della sua famiglia). D'altra parte, la seconda posizione lascia molto turbati per la delega che concede ai «filosofi della storia» la cui pericolosità, quando parlano in nome dei detentori del potere, le vicende del nostro secolo hanno ampiamente dimostrata. E tuttavia lo studioso di storia non può sottrarsi al compito di collocare nel flusso del tempo e di contestualizzare nella situazione che le vide svolgere le manifestazioni di violenza in cui si imbatte nel corso della sua ricerca. Nel far ciò egli non dovrebbe dimenticare che esiste un problema della vita e della morte che non compete a lui risolvere. Lo studioso di storia può solo illustrare le forme in cui questo problema è venuto manifestandosi attraverso i secoli, come le ormai classiche opere di Ariès e di Vovelle[1] hanno mostrato che è possibile tentare di fare.

Obiettivo molto più modesto delle pagine che seguono è quello di portare un contributo alla corretta valutazione del tipo di violenza che esercitarono i resistenti e i fascisti, da una parte rapportandolo a quel quadro della seconda guerra mondiale che era comune a tutti, fascisti e antifascisti, italiani e tedeschi, dall'altra tenendo ferme le distinzioni di fondo fra le parti in causa. Il nemico stesso, ha scritto un partigiano, «ci aveva educato alla morte», ma restava un uomo disciplinato, «al riparo dal dubbio», e scaricava su di noi le inumanità. E anche per questo che ai dati quantitativi, dei quali ovviamente non si nega il peso, non è stata riconosciuta una collocazione centrale. Come ha scritto Thompson,[2]

L'importanza simbolica della violenza – sia la violenza dello Stato e della legge che la violenza della protesta – può non avere alcuna correlazione diretta con la quantità (…). Né il terrore né il controterrore possono esaurire il loro significato alla luce di un esame pesantemente quantitativo, perché le quantità vanno viste dentro un contesto globale, e questo comprende un contesto simbolico che attribuisce valori differenti a differenti forme di violenza.

La grande differenza di valore simbolico che ha la violenza esercitata dagli uomini della Resistenza rispetto a quella praticata dagli eserciti e dai corpi di polizia regolarmente costituiti discende dalla rottura del monopolio statale della violenza. I cittadini, da strumenti e beneficiari più o meno diretti e consapevoli, della violenza statale, divennero gestori in proprio della violenza. I problemi morali fatti nascere dalla smisurata violenza praticata da decine di milioni di uomini durante l'intera guerra vengono così caricati in modo particolare, pretendendo più nette risposte, su poche decine di migliaia di partigiani, che esercitarono la violenza per propria scelta.

5.2 Alfonso Gatto, 'Per i martiri di Piazzale Loreto', in *La storia della vittime* (Milan, Mondadori, 1996), 72–73

Alfonso Gatto's poem is a rare example of a piece of literature that actually circulated during the Resistance. It is a response to one of the most notorious incidents of the civil war, when 15 partisans were shot by fascists at Piazzale Loreto in Milan (14 August 1944). It is undoubtedly the most famous of all the poems inspired by the Resistance.

Ed era l'alba, poi tutto fu fermo
la città, il cielo, il fiato del giorno.
Rimasero i carnefici soltanto
vivi davanti i morti.

Era silenzio l'urlo del mattino,
silenzio il cielo ferito:
un silenzio di case, di Milano.
Restarono bruttati anche di sole,
 sporchi di luce e l'uno all'altro odiosi,
gli assassini venduti alla paura.

Ed era l'alba e dove fu lavoro
ove il piazzale era la gioia accesa
della città migrante alle sue luci
da sera a sera, ove lo stesso strido
dei tram era saluto al giorno, al fresco
viso dei vivi, vollero il massacro
perché Milano avesse alla sua soglia
confusi tutti in uno stesso sangue
i suoi figli promessi e il vecchio cuore
forte e ridesto, stretto come un pugno.

Ebbi il mio cuore ed anche il vostro cuore
il cuore di mia madre e dei miei figli
di tutti i vivi uccisi in un istante
per quei morti mostrati lungo il giorno
alla luce d'estate, a un temporale
di nuvole roventi. Attesi il male

come un fuoco fulmineo, come l'acqua
scrosciante di vittoria, udii il tuono
d'un popolo ridesto dalle tombe.

Io vidi il nuovo giorno che a Loreto
sovra la rossa barricata i morti
saliranno per primi, ancora in tuta
e col petto discinto, ancora vivi
di sangue e di ragione. Ed ogni giorno,
ogni ora eterna brucia a questo fuoco,
ogni alba ha il petto offeso da quel piombo
degli innocenti fulminati al muro.

5.3 Elio Vittorini, 'Lentamente, Giulaj si spogliava', in *Uomini e no* (Milan, Mondadori, 1979), 150–157.

Vittorini's novel *Uomini e no* is divided into short sections. A large part of
the work is given over to conversation. This passage describes the fate of
one of the minor characters in the novel, the 'venditore ambulante' Giulaj,
who is torn to pieces by an SS officer's dogs. The whole scene is clearly
modelled on Ivan Karamazov's description, in Dostoevsky's *The Brothers Karamazov*, of a young peasant boy being killed in identical fashion
by a Russian landowner's dogs.

C. Lentamente, Giulaj si spogliava, e il capitano prendeva i suoi
stracci, li gettava ai cani.
    «Strano» Manera disse. «Ma che gli vuol fare?»
    «Dicono» disse il Terzo «che sia un burlone.»
    «E che burla vuol fargli?» Manera disse.
    I cani annusavano gli indumenti; Gudrun si mise a lacerare la giacca.
    «Perché» disse Giulaj «date la mia roba ai cani?»
    Si chinò per togliere a Gudrun la sua giacca. «Me la strappano» disse.
Ma Gudrun saltò, ringhiando, contro di lui; lo fece indietreggiare.
    «Ja» gridò il capitano. «Fange ihn!»[3]
    «Che dice?» Manera disse.

Ringhiando, Gudrun, le zampe sulla giacca, ricominciò a lacerare la vecchia stoffa impregnata dell'uomo. Essa si accontentava di questo, ora.

«Fange ihn!» ordinò di nuovo il capitano.

Ma la cagna Gudrun non eseguì. Lacerava rabbiosa la vecchia giacca, e anche portò via la camicia a Blut che l'annusava.

«Non ti preoccupare» disse Manera a Giulaj. «Ti darà il capitano altro da vestirti.»

Tutti e cinque i militi si erano avvicinati per vedere; facevano ormai cerchio. Guardavano Giulaj, ormai seminudo, e avevano già voglia di riderne; guardavano i cani, Blut come annusava, Gudrun come lacerava, e già ridevano.

«Oh!» disse il Primo.

«Oh! Oh!» disse il Terzo.

A grandi passi, dalla luce d'una porta, tornò nel cortile l'uomo dal grande cappello e dallo scudiscio nero. Guardò un momento quello che accadeva, poi andò al suo posto; si avvicinò al capitano.

«Telefonano se non si può rimandare a domattina» egli disse.

«E perché?»

«Troppo buio.»

«Troppo che cosa?»

«Buio. Non possono eseguire.»

«Buio?» il capitano disse. «Accendano un paio di riflettori. Non hanno riflettori all'Arena?»

Si mosse per andare a telefonare lui.

Però tornò indietro dai due passi che aveva fatto, e rimise il guinzaglio ai cani, li diede di nuovo al ragazzo delle SS.

«Non temere.» disse a Giulaj il Manera.

Giulaj era solo in mutandine, con le pantofole ai piedi.

«Ma io ho freddo» rispose.

Stava dove il capitano lo aveva lasciato, e continuamente si passava le mani sul petto, sull'addome, sulle spalle, e l'un piede o l'altro sull'opposta gamba, fin dove poteva arrivare. Faceva ridere, e i militi ridevano. Non troppo, ma ridevano.

«Oh! Oh!» ridevano.

E, al guinzaglio, i due cani, l'uno lacerava pur sempre giacca e camicia, accovacciato in terra. Blut si alzava e si sedeva, girava intorno a se stesso, annusava l'aria, guaiva.

L'altro, dal grande cappello e dallo scudiscio, guardava perplesso tutto questo, come per rendersi conto.

Che novità era questa?

Guardava.

«Ma quanto vuol tenermi così?» Giulaj disse. «Io ho freddo.»

«Non temere» Manera gli disse.

«Ma che cosa vuol farmi?»

«Niente, Giulaj. Ormai è passata.»

«Ma io ho freddo. Morirò dal freddo.»

«Vuol farti solo paura» Manera disse.

Il capitano ritornò.

CI. Egli guardò i militi che facevano cerchio, Giulaj in mutandine, e si chinò a liberare i cani, di nuovo, dal guinzaglio. Restò, tra i due cani, chino, grattando loro nel pelo della nuca.

«Perché non ti sei spogliato?» chiese a Giulaj.

«Capitano!» Giulaj rispose. «Sono nudo!»

Col frustino dall'orecchia di cuoio Clemm indicò le mutande. «Hai ancora questo!»

«Debbo togliermi» disse Giulaj «anche le mutande?»

Quando l'uomo fu nudo del tutto, con solo le calze e le pantofole ai piedi, il capitano gli chiese: «Quanti anni hai?».

«Ventisette» Giulaj rispose.

«Ah!» il capitano disse. Lo interrogava, da chino, tra i due cani fermi sotto le sue dita. «Ventisette?» E andò avanti a interrogare. «Abiti a Milano?»

«Abito a Milano.»

«Ma sei di Milano?»

«Sono di Monza.»

«Ah! Di Monza! Sei nato a Monza?»

«Sono nato a Monza.»

«Monza! Monza! E hai il padre? Hai la madre?»

«Ho la madre. A Monza.»

«Una vecchia madre?»

«Una vecchia madre.»

«Non abiti con lei?»

«No, capitano. La mia vecchia madre abita a Monza. Io invece abito qui a Milano.»

«Dove abiti qui a Milano?»

«Fuori Porta Garibaldi.»

«Capisco» il capitano disse. «In una vecchia casa?»

«In una vecchia casa.»

«In una sola vecchia stanza?»

«In una sola vecchia stanza.»

«E come vi abiti? Vi abiti solo?»

«Mi sono sposato l'anno scorso, capitano.»

«Ah! Sei sposato?»

Egli voleva conoscere che cos'era quello che stava distruggendo; il vecchio e il vivo, e dal basso, tra i cani, guardava l'uomo nudo davanti a sé.

«È una giovane moglie che hai?»

«È giovane. Due anni meno di me.»

«Ah, così? Carina anche?»

«Per me è carina, capitano.»

«E un figlio non l'hai già?»

«Non l'ho, capitano.»

«Non lo aspetti nemmeno?»

«Nemmeno.»

Sembrava che volesse tutto di quell'uomo sotto i suoi colpi. Non che per lui fosse uno sconosciuto. Che fosse davvero una vita. O voleva soltanto una ripresa, e riscaldar l'aria di nuovo.

«E il mestiere che fai? Qual è il mestiere che fai?»

«Venditore ambulante.»

«Come? Venditore ambulante? Giri e vendi?»

«Giro e vendo.»

«Ma guadagni poco o niente.»

Qui il capitano parlò ai cani. «Zu!» disse «Zu!»

Li lasciò e i due cani si avvicinarono a Giulaj.

«Fange ihn!» egli gridò.

I cani si fermarono ai piedi dell'uomo, gli annusavano le pantofole, ma Gudrun ringhiava anche.

«Vuol farti paura» Manera disse. «Non aver paura.»

Gudrun gli addentò una pantofola.

«Lasciale la pantofola.» Manera disse.

Gudrun si accovacciò con la pantofola tra le zanne, lacerandola nel suo ringhiare.

«Fange ihn!» ordinò a Blut il capitano.

Ma Blut tornò al mucchio di stracci in terra.

«Zu! Zu!» ripeté il capitano. «Fange ihn!»

CII. Quello dal grande cappello e dallo scudiscio scosse allora il capo. Egli aveva capito. Fece indietreggiare i militi fino a metà del cortile, e raccolse uno straccio dal mucchio, lo gettò su Giulaj.

«Zu! Zu! Piglialo!» disse al cane. E al capitano chiese: «Non devono pigliarlo?».

Il cane Blut si era lanciato dietro lo straccio, e ai piedi di Giulaj lo prese da terra dov'era caduto, lo riportò nel mucchio.

«Mica vorranno farglielo mangiare.» Manera disse.

I militi ora non ridevano, da qualche minuto.

«Ti pare?» disse il Primo.

«Se volevano toglierlo di mezzo» il Quarto disse «lo mandavano con gli altri all'Arena.»

«Perché dovrebbero farlo mangiare dai cani?» disse il Quinto.

«Vogliono solo fargli paura.» disse il Primo.

Il capitano aveva strappato a Gudrun la pantofola, e la mise sulla testa dell'uomo.

«Zu! Zu!» disse a Gudrun.

Gudrun si gettò sull'uomo, ma la pantofola cadde, l'uomo gridò, e Gudrun riprese in bocca, ringhiando, la pantofola.

«Oh!» risero i militi.

Risero tutti, e quello dal grande cappello disse: «Non sentono il sangue.» Parlò al capitano più da vicino. «No?» gli disse.

Gli stracci, allora, furono portati via dai ragazzi biondi per un ordine del capitano, e quello dal grande cappello agitò nel buio il suo scudiscio, lo fece due o tre volte fischiare.

«Fscì» fischiò lo scudiscio.

Fischiò sull'uomo nudo, sulle sue braccia intrecciate intorno al capo e tutto lui che si abbassava, poi colpì dentro a lui.

L'uomo nudo si tolse le braccia dal capo.

Era caduto e guardava. Guardò chi lo colpiva, sangue gli

scorreva sulla faccia, e la cagna Gudrun sentì il sangue.

«Fange ihn! Beisse ihn!»[4] disse il capitano. Gudrun addentò l'uomo, strappando dalla spalla.

«An die Gurgel.»[5] disse il capitano.

CIII. Era buio, i militi si ritirarono dal cortile, e nel corpo di guardia Manera disse: «Credevo che volesse fargli solo paura.»

Si sedettero.

«Perché poi?» disse il Primo. «Strano!»

«Non potevano mandarlo con gli altri all'Arena?»[6] disse il Terzo.

«Forse è uno di quelli di stanotte.» il Quarto disse.

«E non potevano mandarlo con gli altri all'Arena?»

«Oh!» Manera disse. «Verrebbe voglia di piantare tutto.»

«Ci rimetteresti tremila e tanti al mese.»

«Non potrei andare nella Todt? Anche nella Todt pagano bene.»

«Mica tremila e tanti.»

«E poi è lavorare.»

«È lavorare molto?»

Sedevano, un po' in disparte dagli altri militi che erano nel corpo di guardia, riuniti in quattro da quello che avevano veduto, e parlavano senza continuità, con pause lunghe; e pur seguivano il loro filo, lo lasciavano, lo riprendevano.

«Questa» disse il Terzo «è la guerra civile.»

«Far mangiare gli uomini dai cani?»

«È uno di quelli di stanotte, senza dubbio.»

«Deve aver fatto qualcosa di grosso.»

Entrò e si unì loro il Quinto, ch'era rimasto fuori.

«Io non so.» Manera disse. «Che poteva fare? Era uno che vendeva castagne.»

Il Quinto disse: «Ho saputo.»

«Che cosa?»

«Quello che ha fatto.»

«Ha ucciso» disse il Quinto «un cane del capitano.»

Tacquero di nuovo, a lungo; poi uno ricominciò.

«Certo» disse «quei cani poliziotti valgono molto.»

Ricominciarono su questo a parlare. Valevano. Non valevano. Altri militi si avvicinarono, si unirono al discorso. L'uomo fu dimenticato.

5.4 Pietro Chiodi, 'Stamane un detenuto ha tentato di fuggire', in *Banditi* (Turin, Einaudi, 1975), 74–75.

Chiodi's memoir is one of the best of a genre that has produced a large quantity of unremarkable writing. Chiodi himself was better known as a philosopher as well as one of Fenoglio's teachers at the liceo in Alba. By this stage in his account (September 1944) Chiodi has already been captured by the Nazis.

12 settembre. Stamane un detenuto ha tentato di fuggire. È un ragazzo di diciott'anni ed ha agito come un pazzo. Faceva parte d'una squadra di lavoratori che scavavano una galleria nelle vicinanze del campo. Improvvisamente se l'è data a gambe per i campi. I tedeschi gli hanno scaricato le armi addosso senza colpirlo. Quando i suoi compagni sono ritornati nel campo la notizia si è diffusa in un baleno. Tutti pensavano che non poteva riuscire, ma pregavano Dio perché lo aiutasse. Le ore passavano lente. Le motociclette delle SS andavano e venivano ininterrottamente. Improvvisamente, verso le cinque, un camioncino è entrato nel campo e ne è sceso il fuggiasco completamente nudo e pieno di lividi … I tedeschi piantarono un palo in mezzo al campo e ve lo legarono con le mani unite alla sommità in modo che toccasse terra solo con la punta dei piedi. Lo staffilarono ancora e poi lo lasciarano con un cartello al collo: «Sono ritornato dalla gita.» Doveva essere svenuto. Il capo era reclinato sulla spalla destra. Il volto contratto nello spasimo, come fosse impietrito. Le costole gli sporgevano sul petto in modo impressionante. Le gambe erano diritte e stecchite ed i piedi puntati a terra. I lunghi capelli arruffati gli coprivano la fronte e parte del volto. Ogni tanto un SS passandogli vicino lo colpiva con una staffilata. Solo un lieve sussulto passava per il corpo martoriato.

Rimase così sino a sera. Poi fu slegato e portato nelle celle di punizione.

**5.5 Italo Calvino, 'Uno dei tre è ancora vivo', in *I racconti*
(Milan, Mondadori, 1993), 78–85.**

In addition to *Il sentiero dei nidi di ragno* Calvino wrote a number of short
stories about the Resistance. 'Uno dei tre è ancora vivo' is striking for the
way that it appears to be a kind of updated, miniature, Dante's *Inferno*,
complete with naked souls, funnel-shaped holes in the earth's crust, and
escape passages. Like the passage from Vittorini (above) Calvino deliberately refers to another literary text.

I tre erano nudi, seduti su una pietra. Intorno c'erano tutti gli
uomini del paese e quello grande con la barba di fronte a loro.

«... e ho visto le fiamme più alte delle montagne, – diceva il
vecchio con la barba, – e ho detto: come può bruciare così alto un
paese?»

Loro non capivano niente.

«E ho sentito l'odore del fumo che non si poteva sopportare, e
ho detto: come può puzzare così il fumo del nostro paese?»

Quello alto dei tre nudi s'abbracciava le spalle perché tirava un
po' di vento e diede una gomitata all'anziano, che spiegasse:
voleva ancora cercar di capire e l'anziano era l'unico che sapesse
un po' la lingua. Ma l'anziano ora non alzava più la testa dalle
mani, e solo ogni tanto sulla sua schiena china passava un brivido
per la catena delle vertebre. Sul grasso non c'era più da far conto;
s'era abbandonato a un tremito che agitava l'adipe donnesco del
suo corpo, gli occhi come vetri rigati dalla pioggia.

«E poi mi hanno detto che erano le fiamme del nostro grano che
bruciavano le case e che dentro c'erano i nostri figli ammazzati che
facevano puzzo bruciando: il figlio di Tancin, il figlio di Gé, e il
figlio della guardia del dazio.»

«Mio fratello Bastian!» gridò quello con gli occhi spiritati. Era
l'unico che interrompesse, ogni tanto. Gli altri stavano zitti e seri,
con le mani poggiate sui fucili.

L'alto dei tre nudi non era proprio della nazionalità dei suoi
compagni: era d'una regione che aveva avuto a suo tempo paesi
bruciati e figli uccisi. Perciò sapeva cosa si pensa di chi brucia e

uccide, e avrebbe dovuto avere meno speranza degli altri. Invece qualcosa gl'impediva di rassegnarsi, un angosciosa incertezza.

«Ora noi siamo riusciti a prendere questi tre uomini soltanto.» diceva il grande con la barba.

«Tre soltanto, purtroppo!» gridò lo spiritato, ma gli altri stavano sempre zitti.

«Può darsi che anche tra loro ci siano i non cattivi, quelli che obbediscono malvolentieri, può forse darsi che questi tre siano di quelli …»

Lo spiritato sbarrò gli occhi addosso al vecchio.

«Spiega.» diceva all'anziano l'alto dei tre nudi, sottovoce. Ma tutta la vita dell'anziano sembrava ormai corresse via per le colline delle vertebre.

«Ma quando si tratta di figli uccisi e di case bruciate non si può distinguere tra cattivi e non cattivi. E noi siamo sicuri d'essere nel giusto, condannando questi tre uomini a morte.»

«Morte, – pensava l'alto dei tre nudi, – ho già sentito questa parola. Cosa vorrà dire? Morte.»

Ma l'anziano non dava retta e il più grasso sembrava essersi messo a mormorare delle preghiere. A un tratto si ricordò d'essere cattolico, il più grasso. Era l'unico cattolico della compagnia e spesso i compagni lo canzonavano. «Io sono cattolico …» prese a ripetere a mezza voce, nella sua lingua. Non si capiva se volesse implorare salvezza sulla terra oppure in cielo.

«Io dico che prima di farli morire bisognerebbe …» fece lo spiritato ma gli altri s'alzarono e non gli diedero retta.

«Al Culdistrega, – disse quello coi baffi neri, – così non c'è da scavare la fossa.»

Fecero alzare i tre. Il più grasso si mise le mani sui genitali. Non c'era nulla che li facesse sentire in stato d'accusa quanto il fatto d'essere nudi.

Li condussero su per il sentiero di rocce, con le armi alle reni. Il Culdistrega era l'apertura d'una caverna verticale, un pozzo che scendeva nella pancia della montagna, giù giù, non si sapeva fin dove. I tre nudi furono condotti sull'orlo e i paesani armati si disposero davanti; allora l'anziano cominciò a gridare. Gridava frasi di disperazione, forse nel suo dialetto, gli altri due non lo capivano: era padre di famiglia, l'anziano, ma era anche il più cattivo di loro e i suoi gridi ebbero l'effetto di rendere gli altri due irritati contro di lui e più calmi di fronte alla morte. Quello alto, però, aveva ancora quella strana inquietudine, come se non fosse ben sicuro di qualcosa. Il cattolico teneva basse le mani giunte, non si capiva se per pregare o per nascondere i genitali che gli s'erano raggrinziti dalla paura.

A perdere la calma sentendo gridare l'anziano furono i paesani armati: vollero farla finita al più presto e cominciarono a sparare alla rinfusa, senz'attendere un ordine. Quello alto vide accasciarsi il cattolico, al suo fianco, e rotolare nel precipizio, poi l'anziano cadere a testa indietro, e sparire trascinando il suo ultimo grido giù per le pareti di roccia. Vide ancora tra la nube di polvere un paesano che s'accaniva su un otturatore inceppato, poi cascò nel buio.

Non perse conoscenza subito per una nuvola di dolore che gli arrivò addosso come uno sciame d'api: aveva traversato un roveto. Poi, tonnellate di vuoto appese al ventre, e svenne.

Improvvisamente gli sembrò di tornare in alto come per una grande spinta della terra: s'era fermato. Toccava bagnato e odorava sangue. Certo s'era sfracellato e stava per morire. Ma non si sentiva venir meno e tutti i dolori della caduta erano ancora ben vivi e distinti addosso a lui. Mosse una mano, la sinistra: rispondeva. Cercò a tastoni l'altro braccio, toccò il polso, il gomito: ma il braccio non sentiva nulla, era come morto, si muoveva solo se sollevato dall'altra mano. S'accorse che stava alzando il polso della mano destra tenendolo con due mani: questo era impossibile. Capì allora che aveva in mano il braccio d'un altro; era caduto sui cadaveri dei due compagni ammazzati. Tastò l'adipe del cattolico: era un molle tappeto che aveva attutito la sua caduta. Per questo era vivo. Per questo, e perché, ora ricordava, lui non era stato colpito ma s'era buttato giù prima; non ricordava però se l'aveva fatto con intenzione, ma ora ciò non aveva importanza. Poi scoprì che vedeva: un po' di luce arrivava fin là in fondo e l'alto dei tre nudi poté distinguere le sue mani e quelle che spuntavano dal carnaio sotto di sé. Si girò e guardò in alto: c'era un'apertura piena di luce, in cima: l'imboccatura del Culdistrega.

Dapprima gli ferì la vista come un bagliore giallo; poi abituò l'occhio e distinse l'azzurro del cielo, lontanissimo da lui, doppiamente lontano che dalla crosta della terra.

La vista del cielo lo disperò: certo era meglio fosse morto. Ora egli era insieme ai due compagni fucilati in fondo a un pozzo, da cui non sarebbe potuto uscire mai. Gridò. La macchia di cielo lassù in cima si frastagliò di teste. «Ce n'è uno vivo!» dissero. Buttarono un oggetto. Il nudo lo guardò scendere giù come una pietra, poi urtare contro una parete e udì lo scoppio. C'era una nicchia nella roccia dietro di lui e il nudo ci si rattrappì dentro: il pozzo s'era riempito di polvere e scaglie di pietra che franavano. Tirò a sé il corpo del cattolico e lo alzò davanti alla nicchia, si teneva appena insieme ma era l'unica cosa che potesse servirgli da riparo. Fece proprio in tempo: un'altra bomba scese e raggiunse il fondo, alzando un volo di sangue e pietre. Il cadavere andò in pezzi: il nudo era senza più difesa né speranza, ormai. Gridò. Nella stella di cielo apparve la bianca barba del grande. Gli altri si tirarono da parte.

«Ehi,» disse il grande con la barba.

«Ehi,» rispose l'uomo nudo, dal fondo.

E il grande con la barba ripeté: «Ehi.»

Non c'era altro da dire, tra loro.

Allora il grande con la barba si voltò: «Tirategli una corda» disse.

Il nudo non capì. Vide delle teste d'uomo andarsene e i rimasti fargli dei segni, segni di sì, di stare calmo. Il nudo li guardava sporgendo la testa dalla nicchia, non osando esporsi del tutto, sempre con quell'inquietudine di quand'era sulla pietra e lo processavano. Ma i paesani ora non tiravano più bombe, guardavano in giù e gli facevano domande, e lui rispondeva con dei gemiti. La corda non arrivava, a uno a uno i paesani s'allontanarono dall'orlo. Il nudo allora uscì dal nascondiglio e considerò l'altezza che lo separava di lassù, le pareti di roccia nuda e ripida.

In quella apparve la faccia dello spiritato. Si guardava intorno, sorrideva. Si sporse dall'orlo del Culdistrega; puntò in basso il fucile e sparò. Il nudo sentì fischiare il colpo all'orecchio: il Culdistrega era un cunicolo storto, non ben verticale, perciò le cose

119

buttate raggiungevano di rado il fondo e gli spari era più facile incontrassero un'ansa della roccia e si fermassero lì. Si racquattò nel suo rifugio, con la bava alle labbra, come un cane. Ecco, ora lassù tutti i paesani erano tornati e uno srotolava una lunga corda giù nel precipizio. Il nudo vedeva la corda scendere scendere ma non si muoveva.

«Alé, – gridò giù quello coi baffi neri, – attaccati e sali.»

Ma il nudo stava fermo nella nicchia.

«Su, bravo, – gridavano, – non ti facciamo niente.» E gli facevano ballare quella corda davanti agli occhi. Il nudo aveva paura.

«Non ti facciamo niente. Giuro.» dicevano gli uomini, e cercavano di aver l'accento più sincero. Ed erano sinceri: volevano salvarlo a tutti i costi per poterlo fucilare di nuovo, ma in quel momento volevano salvarlo e nelle loro voci c'era un accento d'affetto, di fratellanza umana. Il nudo sentì tutto questo e poi aveva poco da scegliere: e diede mano alla corda. Però vide, tra gli uomini che la reggevano, apparire la testa di quello con gli occhi spiritati; allora mollò la corda e si nascose. Dovettero ricominciare a convincerlo, a pregarlo; finalmente lui si decise e incominciò a salire. La corda era nodosa e ci s'arrampicava bene, poi ci si poteva aggrappare alle sporgenze della roccia e il nudo riemergeva lentamente alla luce e le teste dei paesani in cima si facevano più chiare e più grandi. Quello con gli occhi spiritati ricomparve tutt'a un tratto e gli altri non fecero in tempo a trattenerlo: aveva un'arma automatica e si mise subito a far fuoco. La corda si spezzò alla prima raffica, proprio sopra le sue mani. L'uomo crollò giù sbatacchiando contro le pareti e andò a ripiombare sui resti dei compagni. Lassù, sullo sfondo del cielo, c'era il grande con la barba che apriva le braccia e scuoteva il capo.

Gli altri volevano spiegargli, a gesti, a gridi, che non era colpa loro, che a quel matto avrebbero dato il fatto suo, che ora avrebbero cercato un'altra corda e l'avrebbero fatto risalire, ma il nudo non aveva più speranza, ormai: non sarebbe più potuto ritornare sulla terra. Quello era un fondo di pozzo da cui non si poteva più uscire, dove sarebbe impazzito bevendo sangue e mangiando carne umana, senza poter mai morire. Lassù, sullo sfondo del cielo c'erano angeli buoni con corde e angeli cattivi con bombe e fucili e un grande vecchio con la barba bianca che apriva le braccia ma non poteva salvarlo.

Gli armati, visto che non si lasciava convincere dalle loro buone parole, decisero di finirlo a furia di bombe, e cominciarono a gettarne. Ma il nudo aveva trovato un altro ricovero, una fessura piatta dove poteva strisciare al sicuro. A ogni bomba che cadeva lui s'approfondiva in questa fessura di roccia finché arrivò in un punto in cui non vedeva più nessuna luce, ma pure non toccava ancora la fine della fessura. Continuava a trascinarsi sulla pancia, come un serpente e tutt'intorno a lui c'era buio e il tufo umido e viscido. Da umido che era, il fondo di tufo divenne bagnato, poi coperto d'acqua; il nudo sentì un freddo ruscello che correva sotto la sua pancia. Era il cammino che le acque grondate giù dal Culdistrega s'erano aperto sotto la terra: una lunghissima e stretta caverna, un budello sotterraneo. Dove sarebbe andato a finire? Forse si perdeva in caverne cieche nel ventre della montagna, forse restituiva l'acqua attraverso vene sottilissime che sboccavano in sorgenti. Ed ecco: il suo cadavere sarebbe marcito così in un cunicolo e avrebbe inquinato le acque delle sorgenti avvelenando interi paesi.

L'aria era irrespirabile; il nudo sentiva avvicinarsi il momento in cui i suoi polmoni non avrebbero potuto più resistere. Invece aumentava il refrigerio dell'acqua sempre più alta e rapida; il nudo strisciava ora immerso con tutto il corpo e poteva nettarsi dalla crosta di fango e sangue proprio e altrui. Non sapeva se aveva avanzato poco o moltissimo; l'oscurità completa e quel muoversi strisciando gli toglievano il senso delle distanze. Era esausto: ai suoi occhi cominciavano a apparire disegni luminosi, in figure informi. Più avanzava più questo disegno negli occhi schiariva, prendeva contorni netti, pur trasformandosi di continuo. E se non fosse stato un bagliore della retina, ma una luce, una vera luce, alla fine della caverna? Sarebbe bastato chiudere gli occhi, o guardare nella direzione opposta per accertarsene. Ma a chi fissa una luce rimane un abbaglio alla radice dello sguardo, anche a chiudere le palpebre e voltare gli occhi: così lui non poteva distinguere tra luci esterne e luci sue, e rimaneva nel dubbio.

D'un'altra cosa nuova s'accorse al tatto: le stalattiti. Stalattiti viscide pendevano dal soffitto del cunicolo e stalagmiti s'alzavano da terra, ai margini della corrente, là dove non venivano erose. Il nudo avanzava attaccandosi a queste stalattiti sopra la sua testa. E procedendo s'accorgeva che le sue braccia da piegate che erano si dovevano man mano drizzare per toccare le stalattiti, cioè che il cunicolo s'andava ingrandendo. Presto l'uomo poté inarcare la schiena, camminare carponi, e il chiarore si faceva meno incerto, ora poteva distinguere se i suoi occhi erano aperti o chiusi, già indovinava i contorni delle cose, L'arco della volta, il pendere delle stalattiti, il luccicare nero della corrente.

E poi l'uomo camminò ormai in piedi, per la lunga caverna, verso l'apertura luminosa, con l'acqua alla vita, sempre aggrappandosi alle stalattiti per tenersi ritto. Una stalattite sembrava più grande delle altre e quando l'uomo l'afferrò sentì che gli s'apriva in mano e gli batteva in viso un'ala fredda e molle. Un pipistrello! Continuò a volare e altri pipistrelli appesi a testa in basso si svegliarono e volarono, presto tutta la caverna fu piena d'un volare silenzioso di pipistrelli, e l'uomo sentiva il vento delle loro ali intorno a sé e le carezze della loro pelle sulla sua fronte, sulla sua bocca. Avanzò in una nuvola di pipistrelli fino all'aria aperta.

La caverna sboccava in un torrente. L'uomo nudo era di nuovo sulla crosta della terra, sotto il cielo. Era salvo? Bisognava badare a non ingannarsi. Il torrente era silenzioso, aveva sassi bianchi e sassi neri. Intorno c'era un bosco fitto d'alberi deformi, nel sottobosco non crescevano che stecchi e spini. L'uomo era nudo in regioni selvagge e deserte, e gli esseri umani più vicini erano nemici che l'avrebbero inseguito con forche e fucili appena visto.

L'uomo nudo era salito in cima a un albero di salice. La vallata era tutta boschi e dirupi cespugliosi, sotto una fuga grigia di montagne. Ma in fondo, a una gobba del torrente c'era un tetto d'ardesia e un fumo bianco che s'alzava. La vita, pensò il nudo, era un inferno, con rari richiami d'antichi felici paradisi.

**5.6 Luciano Bolis, 'Era notte', in *Il mio granello di sabbia*
(Turin, Einaudi, 1946), 72–78.**

Luciano Bolis was a partisan operating in Genova. He was captured and
tortured, but refused to reveal the names of his fellow partisans. This
passage describes his unsuccessful attempt at suicide.

Era notte.

«Canta, fesso! – mi aveva detto il piantone nel lasciarmi e con
accento sincero. – Anch'io ero coi ribelli, una volta, poi mi han
preso e avevan cominciato a trattarmi come te. Ma io ho detto tutto
e ora mi han preso con loro. Mi ci trovo bene. Se parli potrai venirci
anche tu.»

Disgusto, pietà, ribrezzo: non posso dire quello che provai!

A un tratto mi venne un'idea:

«E se provassi a liberare le mani dalle ritorte?»

Il gesto fu più fulmineo dell'idea. Uno strattone e la sinistra era
libera (vecchio cospiratore, avevo disposto le mani in modo che vi
fosse consentito un certo agio). Ora è la volta della destra: strappo,
tiro, ruoto, e poi ancora strappo, e poi tiro con tutte le forze tanto da
spezzarmi l'osso. Niente.

Sudo freddo! Rinunciare, dopo aver quasi raggiunto lo scopo?
Tornare indietro, a questa vita, all'indomani che mi attendeva
tristissimo, quando già lo spirito aveva intravvisto l'al di là e la
resistenza della carne era stata vinta?

A che valeva se su di essa avesse trionfato l'imperativo della
coscienza? Io ero sempre lì, misero straccio alla mercé dei despoti,
che l'indomani mi avrebbero ripreso, trastullo dei loro ozi, oggetto
delle loro sevizie.

Mi vidi per quindici giorni appeso per aria, fustigato, arso. E
non ignoravo quello che mi avrebbe aspettato poi se non avessi
parlato: i bagni nella pece bollente, le camere refrigeranti, il casco
di ferro, le scosse elettriche, insomma tutto quello che non avevo
ancora provato.

Una paura folle mi prese: e se non resistessi a tutto questo? E
vedevo già i compagni braccati e torturati a loro volta, e una

123

sequela interminabile di arresti, e la insurrezione che da tempo progettavamo forse rimandata, forse anche compromessa.

E intanto la lametta[7] stava lì, nella cucitura dei calzoni, a pochi centimetri, che aspettava soltanto di esser presa e mi gridava che la mia salvezza e di tutti dipendeva soltanto da lei.

E se il piantone, rientrando per i soliti controlli notturni, mi trovasse con una mano fuori? Forse applicherebbero una sorveglianza tale da precludere il presentarsi di una seconda occasione. Cercai, dunque, in preda a una profonda tristezza, di infilar di nuovo la mano nell'apertura, ma neanche questa operazione mi riusciva più.

Momenti di ansia indicibile! Certo solo la forza della disperazione riuscì invece a farmi liberare anche la destra.

Libero! La vita e la morte stavano ormai nelle mie mani.

Quello che si svolse allora fu questione di un lampo, ma lo spirito in quei momenti raggiunge una vitalità di cui non si ha idea.

In un baleno ebbi tutta la vita condensata nella coscienza. I miei pensieri erano dei concentrati di pensieri. Tutto, di me, era presente.

Con la lametta a mezz'aria tra l'indice e il pollice destro, non diedi forma ad alcuna espressione particolare, perché l'espressione esclude l'inespresso, e io in quel momento avevo bisogno della totalità di me stesso.

Io comunicavo e ricevevo con tutta la persona, e la voce (o forza) che veniva a me sapeva così di profondo che ho creduto un istante che altri, da altri mondi, mi comunicasse.

Volendo tradurre in parole quel dialogo, forse si potrebbe ricostruire così:

«Allora Luciano, sei pronto?»

«Sì.»

«Devi proprio?»

«Sì.»

«Allora forza!»

«Dio perdonami Tu che vedi perché lo faccio!»

E giù un gran colpo sul polso sinistro. Il sangue sprizzò altissimo ed io me ne sentii uscire un gran fiotto dal cuore.

Barcollai. Temetti di cadere e di far accorrere il piantone, richiamato dal rumore. Mi adagiai pertanto lungo disteso per terra, mentre il sangue continuava a sgorgare abbondantemente dalla vena aperta, e passai la lametta dalla destra nella sinistra.

Questa, a sua volta, vibrò il suo colpo al polso destro, ma il sangue ne uscì con minor veemenza.

Allora distesi i nervi, composi le membra e mi dissi:

«Ormai è fatta! Pensiamo a morir bene, voglio dire a vivere intensamente e degnamente questi ultimi momenti.»

Sapevo che la fine non sarebbe sopravvenuta subito.

Di quei momenti dirò una sola cosa: il rammarico, non già di morire, perché è mia abitudine non trovar né bella né brutta una cosa che si ha la coscienza di dover fare, ma il rammarico di morire così, senza poter scrivere un estremo messaggio che dicesse ciò che avevo sofferto e proclamasse che all'ultimo quella che avevo sentito più forte era stata la voce della virtù.

Io invece non sarei stato un martire della libertà, ma un disperso, e i miei cari mi avrebbero forse aspettato per anni prima di chiudere il cuore alla mai morta speranza.

E un altro pensiero ricordo infine, che io mi limito a citare qui senza commenti, per quanto, lo confesso, lo trovi strano: la preoccupazione per il corpo ch'io lasciavo e che gli aguzzini avrebbero mutilato, come avevan promesso, e poi abbandonato chissà dove.

Considerai anche i capi di vestiario che avevo indosso, ognuno dei quali mi richiamava qualche ricordo del passato.

Mentre tali pensieri mi occupavano e una gran pace mi scendeva nel cuore, constatai con sorpresa che il sangue aveva smesso di defluire e gli sbocchi delle vene recise erano ostruiti da sangue coagulato.

«È il freddo, – pensai. – Ci vorrebbe dell'acqua calda.»

Ma la mia sorpresa si fece desolazione quando mi accorsi, ripetuta per parecchie volte l'operazione di strapparmi il sangue rappreso, che comunque il deflusso era cessato.

Furono quelli momenti di disperazione profonda, perché tutto in quei frangenti si colora di tinte superlative.

Fu con terrore ch'io riconobbi le conseguenze del fatto: o non morivo, e l'indomani sarei stato trovato ancora in condizione tale che si cercasse di farmi parlare, e naturalmente anche farmi pagare il gesto tentato, oppure … dovevo uccidermi una seconda volta.

Una terza soluzione non c'era, e fu così ch'io, già adagiato in una morte che stavo gustando dolce come un sogno (la prima cosa dolce dopo il parossismo di tante angustie), dovetti nuovamente far ricorso a tutte le fibre della mia volontà, perché un'altra volta mi soccorresse.

«Bisogna tagliar più profondo» pensavo.

Ma le mani ormai paralizzate non ce la facevano più a vibrare il colpo con la forza necessaria. Mi consultai:

«Che proprio non si possa morire?»

Mi misi la lametta tra i denti e segai, tenacemente, prima un polso e poi l'altro, in diversi punti, a lungo, fin che potei.

Evidentemente non erano più le vene che segavo, perché sentivo qualche resistenza e delle sensazioni come di scossa elettrica per tutto il braccio. (Un giorno ho poi appreso trattarsi di nervi e di tendini.)

Ma il risultato sperato non veniva: il sangue, evidentemente, non voleva più saperne di uscire.

«*Audaces fortuna iuvat*,[8] – mi son detto. – Qui bisogna trovare qualcos'altro».

Ripresi faticosamente la lametta tra i polpastrelli che più non sentivano e stringendola così convulsivamente tentai le vie del cuore.

«Lì basta un bucherellino, – pensavo. – Mireremo bene tra le costole».

Ma l'altra mano, per quanto si sforzasse, non riusciva a sbottonare il cappotto che avevo indosso, e neanche le forze valevano più a strapparlo, e intanto io pensavo che quella piccola lama non era certo atta a superare la resistenza del pesante tessuto.

«Forse, – pensai, – lo potrebbe col tessuto dei calzoni». Ma dove trovare nelle gambe delle vene così alla superficie?

Fu soltanto allora che pensai alla carotide.

Nuovo richiamo di energie, nuovo stridor di denti per la tensione dello sforzo.

Le dita, malcerte ed ormai fredde, stringono ancora la lametta, mentre io pongo ogni cura a che essa non mi scivoli inavvertitamente via, perché certo più non l'avrei trovata tra il buio e l'anestesia che ormai mi prendeva tutta la mano, ciò che avrebbe significato restare una volta di più a mezza strada tra la vita e la morte.

Il colpo parte e colpisce giusto (annoto tra parentesi che debbo la vita, oltre alle miracolose circostanze che esporrò in seguito,[9] anche alla mia ignoranza in fatto di anatomia, perché io credevo che le carotidi stessero nel mezzo anziché ai lati della gola).

Istantaneamente sento che, all'alzarsi e abbassarsi del petto in forza del movimento di respirazione, corrisponde un passaggio di aria attraverso l'apertura praticatami, né mi riesce più di respirare con la bocca o col naso.

«Qualcosa ho colpito, – mi son detto, – ma perché non muoio? Si vede che i vasi interessati sono più sotto».

E allora giù colpi su colpi.

Forse chi legge penserà ch'io agissi ormai come un forsennato. Invece no: posso garantire che non ho mai perso il controllo dei miei nervi e che ogni movimento era compiuto a ragion veduta; né la lucidità della coscienza mi venne mai meno, anche nei momenti successivi.

Posso anzi precisare che in me c'erano come due persone distinte; una era l'attore della tragedia, attore nel senso materiale e psichico della parola, tutto preso dall'impegno della parte assunta, l'altro era uno spiritello saccente che si divertiva alle rievocazioni mnemoniche più impensate e commentava passo passo tutti i gesti e le deliberazioni del primo.

Colpi su colpi, dunque, e certamente del sangue colava anche dalla gola, ormai, ma tuttavia non tanto quanto ne desideravo io.

Frattanto le forze venivan meno e il dolore fisico, che nei primi momenti non ricordo di aver sentito (forse perché la stessa tensione psichica era tale da operare una specie di anestesia totale o di ipnosi come pare avvenga per i fachiri), cominciava ora ad ergersi come un notevole ostacolo davanti a me che forzatamente lo esasperavo; ma più che altro un gran desiderio di calma, uno stadio mai provato di «nirvana» mi invadeva, e sempre più disperati si facevano gli appelli alla volontà, perché non cedesse proprio allora ma mi sorreggesse fino in fondo.

Per quella gran furia di colpi, la lametta si era nel mentre spostata fra le dita, o forse anche spezzata, o addirittura caduta nella ferita che io mi ero aperto. Il fatto è che non la «sentivo» più.

E qui avvenne quello che (non son io che parlo, ma i medici specialisti che mi videro in seguito) si potrebbe quasi chiamare miracolo, nel senso che si dubita che le sole forze di un uomo normale possano bastarvi, io mi cacciai le dita già irrigidite dal freddo e dalla morte nella ferita e tirai, spezzai, slabbrai quel taglio da farlo divenire uno squarcio, scavai la mia gola da farci entrare la mano intera, strappai le parti molli che mi si presentavano, mentre tutto in me convergeva nello sforzo della mia mano di andar dentro, più dentro, sempre più dentro, ove si annidava la morte.

E le forze venivan meno, e rantolavo senza volerlo e svenivo e mi riprendevo di colpo con rinnovata energia.

Una cosa sola sapevo: che il piantone mi doveva trovar morto.

5.7 Giose Rimanelli, 'Prima che scendesse la tregua', in *Tiro al piccione* (Turin, Einaudi, 1991), 81–84.

Rimanelli fought on the side of the fascists. *Tiro al piccione* is his best known work and was made into a film.

Prima che scendesse la tregua ci venne l'ordine di stanare i ribelli a qualunque costo e pulire le montagne. Dovevamo fare questo per l'onore della divisa che indossavamo, perché era la divisa dei battaglioni «M» che si erano distinti in tante battaglie – così ci disse in un suo discorso il colonnello. E noi cominciammo a perlustrare le montagne, i borri, le scarpate, i nidi d'aquila. Ma i ribelli ci crescevano davanti come termiti, e le ossa rotte, a casa, eravamo sempre noi a riportarle. Invano speravamo in un incontro a faccia a faccia; il nemico era sempre invisibile, e le fucilate ci coglievano alle spalle e di fianco e non si sapeva mai da dove venivano. Ciò ci rendeva furiosi e l'odio, dentro, ci cresceva in modo opprimente. Noi eravamo sopraffatti e rattristati dall'odio.

I ribelli lasciavano fuochi spenti e barattoli di carne semivuoti ai posti di bivacco, senza mostrarsi mai. Attaccavano solo quando eran ben certi di essere di numero superiore; allora ci facevano fuori con facilità. Noi avevamo la consegna di non mollare e morire sull'arma. E molti morivano sull'arma, e solo quand'eravamo decimati e stanchi gli ufficiali dicevano di ritirarci.

Ci riportavamo sempre i morti sulle spalle. Chi aveva voglia di cantare diceva la nostra preghiera. Attaccava: «*Signore che accendi ogni fiamma e riscaldi ogni cuore, rinnova l'amor mio per l'Italia ...*» Presto anche gli altri cominciavano a cantare con le voci cavernose e, solo allora, io credo, si rivolgeva il pensiero a Dio e alla nostra morte, e cadeva anche la baldanza di uccidere, e si pensava alle nostre famiglie che non avremmo riviste mai più.

Una sera trovammo un ferito sulla strada del ritorno. I soldati scendevano dalle montagne con la rabbia che gli mangiava il fegato. In quelle condizioni di abbattimento avrebbero desiderato incendiare villaggi e ammazzare anche gente innocente, per la soddisfazione di veder spisciolare il sangue degli altri, dato che noi, ogni giorno pagavamo la somma del nostro sangue. Il sangue dei nostri correva sempre, ed erano ragazzi dai sedici ai vent'anni che la Patria mandava a morire.

Trovarci un ribelle tra le zampe ci fece mugolare di gioia. Egli era vestito con roba inglese, ed era giovane. Ma aveva la barba di più giorni e una grande disperazione sugli occhi. Si nascondeva in un cespuglio perché non poteva camminare con una gamba lacerata. Appena ci vide implorò il colpo alla nuca.

«Il colpo alla nuca?» grugnì il capitano Mattei. Avrebbe voluto strozzarlo con le sue mani. Il ferito, allora, incominciò a lamentarsi. I lamenti accendevano il sangue negli uomini. Gli uomini smaniavano e volevano finirlo coi pugnali. Volevano un pezzo per ciascuno del ferito. Allora il capitano Mattei chiamò Pavan, la sua ordinanza con una mano mozza, e gli disse queste parole:

«Desidero che te lo lavori per benino.»

«È affar mio, capitano.» disse Pavan.

Al primo colpo di pistola il ferito si mosse come un rettile, portandosi la mano al fianco. Era il primo buco.

«Figli di puttane! – gridò il ferito. – Disgraziati figli di puttane!»

Pavan gli sparava colpi isolati ai piedi, alle mani, alle cosce e il ferito urlava sempre il suo insulto.

«Grida viva il Duce!» gli disse il capitano Mattei.

«Figli di puttane! – rispose il ferito, più forte. – Disgraziati figli di puttane!»

I soldati si erano messi intorno all'uomo che faceva sangue da tutte le parti, e mugolavano come animali a ogni colpo. Ma dopo un poco il capitano cominciò a stancarsi degli insulti del ferito.

«Chiudigli la bocca, boccia!» gridò all'attendente.

Ma Pavan disse:

«Cristo, capitano! Ancora un momento, vi pare?»

I soldati tutt'intorno gridarono:

«Sotto, Pavan!»

«Figli di puttane!» disse il ferito ancora più forte, rauco.

«Finiscilo, boccia.» il capitano gridò per la seconda volta, furioso.

«Figli dii...putt...tà-ne...» brontolò ancora il ferito, bucato come un colabrodo. Allora il capitano saltò addosso all'ordinanza e gli strappò la pistola dalle mani. Prese il ferito per la testa e i piedi e lo rotolò da una balza, ancora vivo. Restò un attimo sull'orlo del precipizio, a guardare. Poi sospirò:

«Era duro, quel dannato.»

«Non voleva proprio crepare, eh capitano?» fece Pavan.

I soldati, allora, lo guardarono con angoscia, perché ora avevano paura di Pavan.

Mi venne il voltastomaco. In caserma Elia mi guardò in faccia; dovevo essere stravolto.

«Che ti piglia?» disse.

Scossi la testa, senza guardarlo, ma Elia capì e s'irritò. Disse: «Lo capisci, imbecille, che se queste canaglie prendono uno di noi ne fanno una pizza?»

«Si contenteranno d'ammazzarlo, – dissi. – Non si trova un'altra iena come Pavan.»

«Illuso, – fece Elia. Poi, forte: – Secondo te esistono le morti semplici, le morti comode? Qui si muore a pezzi, caro mio.»

Scuotevo il capo.

«Senti, prendono te, – disse Elia. – Si capisce, faccio per dire. Ebbene, t'impacchettano come un salame. Ti portano con loro.

Intorno al fuoco, al posto di bivacco, ti inchiodano a un palo come Cristo e incominciano le operazioni. Diciamole con ordine: a) ti tagliano la lingua – fanno così per non farti urlare; b) ti cavano un occhio …»

«Oh, piantala! – gridai. – Se non la pianti …»

«Se non la pianto?» fece Elia.

Sentii il mento sotto la barba, quasi debole, quando lo colpii. Il sergente Elia sbarrò gli occhi smisuratamente, ma non reagì. Disse:

«Non dovevi farlo, Marco.»

«Ebbene l'ho fatto, – dissi. – Scusami.»

«Non dovevi farlo, Marco, – Elia ripete. – Proprio non dovevi farlo.»

Andò a stendersi sulla branda, toccandosi il mento. Io smontai il fucile, estrassi l'otturatore, feci saltare sulla coperta i sei pezzi dell'otturatore e poi infilai lo straccetto legato all'asticciola nella canna. Infine rimontai e misi da parte il fucile. Elia mi guardava sempre coi suoi occhi bianchi, un po' tristi.

5.8 Beppe Fenoglio, 'Il trucco', in *Opere* II, ed. Maria Corti (Turin, Einaudi, 1977), 257–262.

Fenoglio's depiction of certain partisans as sadists in this story was highly controversial when it was first published in 1952.

Gli irrequieti uomini di René presero un soldato in aperta campagna e lo rinchiusero nella stalla di una cascina appena fuori Neviglie. E René spedì subito una staffetta a prender la sentenza per quel prigioniero dal Capitano, che per quel giorno era fermo nell'osteria di T …, ed era il più grande capo delle basse Langhe e aveva diritto di vita e di morte.

Ma a T … la staffetta non vide la faccia del Capitano né sentì la sua voce; dopo una lunga attesa venne fatto montare su una macchina coi partigiani Moro, Giulio e Napoleone.

Sulla macchina che correva al piano verso Neviglie, Giulio

sedeva davanti a fianco di Moro che guidava, Napoleone dietro con la staffetta di René.

A metà strada, Giulio si voltò indietro, appoggiò il mento sullo schienale, guardò Napoleone in modo molto amichevole e infine gli disse: «Allora, Napo, come l'aggiustiamo?»

Napoleone, per non fissare Giulio, si voltò a guardare il torrente a lato della strada e disse: «Io dico solo che stavolta tocca a me e non c'è niente da aggiustare.»

«Questo lo dici tu, – rispose Giulio. – Io non ne posso niente se l'ultima volta tu eri malato con la febbre. Causa tua o no, hai perso il turno e stavolta tocca di nuovo a me. Ma stai tranquillo che la volta che viene non ti taglio la strada.»

A Napoleone tremava la bocca per la rabbia. Parlò solo quando fu sicuro di non balbettare e disse: «La volta che viene non mi interessa. È oggi che m'interessa e staremo a vedere.»

Giulio sbuffò e si voltò, e Napoleone si mise a fissargli intensamente la nuca.

La staffetta capiva che i due discutevano su chi doveva fucilare il prigioniero. Napoleone gli premeva la coscia contro la coscia, ne sentiva il forte calore attraverso la stoffa. Scostò con disgusto ma con riguardo la gamba e guardò avanti. Vide nello specchietto del parabrezza la faccia di Moro: sorrideva a labbra strette.

Arrivarono presso Neviglie che la guarnigione era già tutta all'erta per quel rumore d'automobile che avviluppava la collina.

La macchina di Moro scendeva in folle verso l'aia della cascina. Gli uomini di René allungarono il collo, videro chi portava, li riconobbero e la sentenza per loro non era più un mistero.

René mosse incontro alla macchina. Svoltava in quel momento nell'aia e prima che si fermasse, cinque o sei partigiani di Neviglie saltarono sulle predelle per godersi quell'ultimo moto. Moro li ricacciò giù tutti come bambini, si tolse un biglietto di tasca, senza dire una parola lo diede a René e con uno sguardo all'intorno chiese: «Dov'è?»

Nessuno gli rispose, fissavano tutti René che leggeva il biglietto del Capitano. Dovevano essere appena due righe, perché René alzò presto gli occhi e disse: «È chiuso nella stalla. Aprite pure a Moro.»

Spalancarono la porta della stalla. Due buoi si voltarono a

vedere chi entrava. Non si voltò un uomo in divisa che stava lungo tirato sulla paglia. Moro gli comandò di voltarsi e l'uomo si voltò, non per guardare ma solo per mostrare la faccia. Ce l'aveva rovinata dai pugni e strizzava gli occhi come se avesse contro un fortissimo sole.

Quando Moro si volse per uscire, urtò nel petto di Giulio e Napoleone che s'erano piantati alle sue spalle.

Per il sentiero che dall'aia saliva alla cima della collina già s'incamminava in processione il grosso del presidio di Neviglie. Il primo portava una zappa sulle spalle.

Moro cercò René e lo vide sul margine dell'aia, appartato con due che parevano i più importanti dopo di lui. S'avvicinò: i tre dovevano aver discusso fino a quel momento sul posto della fucilazione.

Uno finiva di dire: «… ma io avrei preferito a Sant'Adriano.»

René rispondeva: «Ce n'è già quattro e questo farebbe cinque. Invece è meglio che siano sparpagliati. Va bene il rittano sotto il Caffa. Cerchiamo lì un pezzo di terra selvaggio che sia senza padrone.»

Moro entrò nel gruppo e disse: «C'è bisogno di far degli studi così per un posto? Tanto è tutta terra, e buttarci un morto è come buttare una pietra nell'acqua.»

René disse: «Non parli bene, Moro. Tu sei col Capitano e si può dire che non sei mai fermo in nessun posto e così non hai obblighi con la gente. Ma noi qui ci abbiamo le radici e dobbiamo tener conto della gente. Credi che faccia piacere a uno sapere che c'è un repubblicano sotterrato nella sua campagna e che questo scherzo gliel'han fatto i partigiani del suo paese?

«Adesso però avete trovato?»

René alzò gli occhi alla collina dirimpetto e disse gravemente: «In fondo a un rittano dietro quella collina lì.»

Moro cercò con gli occhi i partigiani sulla cima della collina. Fece appena in tempo a vederli sparire in una curva a sinistra. Poi guardò verso la stalla e vide Giulio e Napoleone appoggiati agli stipiti della porta. Gridò verso di loro: «Giulio! Nap! Cosa state lì a fare?»

I due partirono insieme e insieme arrivarono davanti a lui. Moro disse: «Perché non vi siete incamminati con gli altri? Partite subito e quando arriva René col prigioniero siate già pronti.»

Giulio disse: «Dov'è con precisione questo posto?»

«È a Sant'Adriano, – e siccome Giulio guardava vagamente le colline, aggiunse: – Avete notato il punto dove sono spariti i partigiani di Neviglie?»

Giulio e Napoleone accennarono di no con la testa.

«No? Be', sono spariti in quella curva a destra. Voi arrivate fin lassù e poi scendete dall'altra parte fino a che vi trovate al piano. Sant'Adriano è là.»

Napoleone fece un passo avanti e disse: «Adesso, Moro, stabilisci una cosa: chi è che spara? L'ultima volta ha sparato lui.»

Moro gridò: «Avete ancora sempre quella questione lì? Sparate tutt'e due insieme!»

«Questo no.» disse Napoleone e anche Giulio scrollò la testa.

«Allora spari chi vuole, giocatevela a pari e dispari, non sparatevi solo tra voi due!»

Per un momento Giulio fissò Moro negli occhi e poi gli disse: «Tu non vieni a Sant'Adriano? Perché?»

Moro sostenne lo sguardo di Giulio e rispose: «Io resto qui vicino alla macchina perché quelli di René non ci rubino la benzina dal serbatoio.»

Giulio e Napoleone partirono di conserva. Giulio teneva un gran passo, Napoleone sentì presto male alla milza e camminava con una mano premuta sul ventre, ma in cima alla collina arrivarono perfettamente insieme.

Si calarono giù per il pendio e dopo un po' Napoleone disse: «A me non pare che son passati da questa parte.»

«Come fai a dirlo?»

«Io sento, io annuso. Quando passa un gruppo come quello, non si lascia dietro una morte come questa.»

Non c'era un'eco, non c'era un movimento d'aria.

Continuarono a scendere, ma Napoleone scosse sovente la testa.

Quando posarono i piedi sul piano, Giulio si fermò e fermò Napoleone stendendogli un braccio davanti al petto. Un rumore di zappa, ben distinto, arrivava da dietro un noccioleto a fianco della cappella di Sant'Adriano. «Senti, Nap? Questa è una zappa. Son loro che fanno la fossa.»

Napoleone gli tenne dietro verso quei noccioli e diceva: «Ma com'è che non si sente parlare? Possibile che quelli che non zappano stanno zitti?»

«Mah. Certe volte, a veder far la fossa, ti va via la voglia di parlare. Stai a vedere e basta.»

Mentre giravano attorno al noccioleto, quel rumore cessò e, passate quelle piante, scorsero un contadino tutto solo con la zappa al piede e l'aria d'aspettar proprio che spuntassero loro. Li guardò sottomesso e disse: «Buondì, patrioti.»

Una lunga raffica crepitò dietro la collina.

Giulio si orientò subito e si voltò a guardare dalla parte giusta, Napoleone invece guardava vagamente in cielo dove galoppava l'eco della raffica.

Partirono. Invano quel contadino tese verso loro un braccio e disse: «Per piacere, cos'è stato? C'è la repubblica qui vicino? Se lo sapete, ditemelo e io vado a nascondermi.» Non gli risposero.

Risalirono la collina, Giulio velocemente e Napoleone adagio, perché non aveva più nessun motivo di farsi crepare la milza. Ma quando arrivò su, Giulio era lì ad aspettarlo.

Guardarono giù. Videro i partigiani di Neviglie salire dal rittano sotto il Caffa, ma come se battessero in ritirata. Salivano anche dei borghesi che si erano mischiati a vedere e adesso ritornavano con le spalle raggricciate come se rincasassero in una sera già d'inverno. Passarono vicino a loro e uno diceva: «Però l'hanno fucilato un po' troppo vicino al paese.»

Giulio e Napoleone scesero per il pendio ormai deserto fino al ciglio del rittano. Videro giù due partigiani che stavano rifinendo la fossa. Uno calava la zappa di piatto e l'altro schiacciava le zolle sotto le scarpe.

Quello della zappa diceva a quell'altro: «Vedrai questa primavera che l'erba che cresce qui sopra è più alta d'una spanna di tutta l'altra.»

L'ombra dei due sopraggiunti cadde su di loro ed essi alzarono gli occhi al ciglio del rittano.

«Chi è stato?» domandò subito Giulio.

Rispose quello della zappa: «Chi vuoi che sia stato? È stato il vostro Moro.»

Napoleone lo sapeva già da un pezzo, ma gridò ugualmente:

«Cristo, quel bastardo di Moro ci toglie sempre il pane di bocca!»

Dopo un momento Giulio indicò la fossa col piede e domandò: «Di', com'è morto questo qui?»

«Prima si è pisciato addosso. Ho visto proprio io farsi una macchia scura sulla brachetta e allargarsi.»

Giulio si aggiustò l'arma sulla spalla e si ritirò d'un passo dal ciglio del rittano. «Be', se si è pisciato addosso son contento, – disse – Moro non deve aver goduto granché a fucilare uno che prima si piscia addosso. Ti ricordi invece, Napo, quel tedesco che abbiamo preso a Scaletta e che poi hai fucilato tu? Dio che roba! Vieni, Napo, che Moro è anche capace di lasciarci a piedi.»

5.9 Leone Ginzburg's letter to Natalia Ginzburg, in *Lettere di condannati a morte della Resistenza italiana* (Turin, Einaudi, 1975), 148–150.

Leone Ginzburg was born in Russia in 1909. He taught Russian literature at the University of Turin and was one of the founders of the Einaudi publishing house. Imprisoned and exiled during Fascism for belonging to the Giustizia e Libertà movement he was arrested in November 1943 and died in the Regina Coeli prison in Rome following repeated beatings by his Nazi jailers. This last letter to his wife Natalia Ginzburg is taken from the *Lettere di condannati a morte della Resistenza italiana* which contains the final testimonies of some 112 men.

Natalia cara, amore mio,

Ogni volta spero che non sia l'ultima lettera che ti scrivo, prima della partenza o in genere; e così è anche oggi. Continua in me, dopo quasi una intera giornata trascorsa, il lieto eccitamento suscitatomi dalle tue notizie e dalla prova tangibile che mi vuoi così bene. Questo eccitamento non ha potuto essere cancellato neppure dall'inopinato incontro che abbiamo fatto oggi. Gli auspici, dunque, non sono lieti; ma pazienza. Comunque, se mi facessero partire non venirmi dietro in nessun caso. Sei molto più necessaria ai bambini, e soprattutto alla piccola.

E io non avrei un'ora di pace se ti sapessi esposta chissà per quanto tempo a dei pericoli, che dovrebbero presto cessare per te, e non accrescersi a dismisura. So di quale conforto mi privo a questo modo; ma sarebbe un conforto avvelenato dal timore per te e dal rimorso verso i bambini. Del resto, bisogna continuare a sperare che finiremo col rivederci, e tante emozioni si comporranno e si smorzeranno nel ricordo, formando di sé un tutto diventato sopportabile e coerente. Ma parliamo d'altro. Una delle cose che più mi addolora è la facilità con cui le persone intorno a me (e qualche volta io stesso), perdono il gusto dei problemi generali dinanzi al pericolo personale. Cercherò di conseguenza, di non parlarti di me, ma di te. La mia aspirazione è che tu normalizzi, appena ti sia possibile, la tua esistenza; che tu lavori e scriva e sia utile agli altri. Questi consigli ti parranno facili e irritanti; invece sono il miglior frutto della mia tenerezza e del mio senso di responsabilità. Attraverso la creazione artistica ti libererai delle troppe lacrime che ti fanno groppo dentro; attraverso l'attività sociale, qualunque essa sia, rimarrai vicina al mondo delle altre persone, per il quale io ti ero così spesso l'unico ponte di passaggio. A ogni modo, avere i bambini significherà per te avere una grande riserva di forza a tua disposizione. Vorrei che anche Andrea si ricordasse di me, se non dovesse più rivedermi. Io li penso di continuo, ma cerco di non attardarmi mai sul pensiero di loro, per non infiacchirmi nella malinconia. Il pensiero di te invece non lo scaccio, e ha quasi sempre un effetto corroborante su di me. Rivedere facce amiche in questi giorni, mi ha grandemente eccitato in principio, come puoi immaginare. Adesso l'esistenza si viene di nuovo normalizzando, in attesa che muti più radicalmente. Devo smettere, perché mi sono messo a scrivere troppo tardi fidando nella luce della mia lampadina, la quale invece stasera è particolarmente fioca, oltre ad essere altissima. Ti continuerò a scrivere alla cieca, senza la speranza di rileggere. Con tutto il Tommaseo[10] che ho tra le mani, sorge spontaneo il raffronto con la pagina di diario di lui che diventa cieco. Io, per fortuna, sono cieco solo fino a domattina. Ciao, amore mio, tenerezza mia. Fra pochi giorni sarà il sesto anniversario del nostro matrimonio. Come e dove mi troverò quel giorno? Di che umore sarai tu allora? Ho ripensato, in questi ultimi tempi, alla nostra vita comune. L'unico nostro nemico (ho concluso) era la mia paura. Le volte che io, per qualche ragione, ero assalito dalla paura, concentravo talmente tutte le mie facoltà a vincerla e a non venir meno al mio dovere, che non rimaneva nessun'altra forma di vitalità in me. Non è così? Se e quando ci ritroveremo, io sarò liberato dalla paura, e neppure queste zone opache esisteranno più nella nostra vita comune. Come ti voglio bene, cara. Se ti perdessi, morirei volentieri. (Anche questa è una conclusione alla quale sono giunto negli ultimi tempi.)

Ma non voglio perderti, e non voglio che tu ti perda nemmeno se, per qualche caso, mi perderò io. Saluta e ringrazia tutti coloro che sono buoni e affettuosi con te: debbono essere molti. Chiedi scusa a tua madre, e in genere ai tuoi, di tutto il fastidio che arreca questa nostra troppo numerosa famiglia. Bacia i bambini. Vi benedico tutti e quattro, e vi ringrazio di essere al mondo. Ti amo, ti bacio, amore mio. Ti amo con tutte le fibre dell'essere mio. Non ti preoccupare troppo per me. Immagina che io sia un prigioniero di guerra; ce ne sono tanti, soprattutto in questa guerra; e nella stragrande maggioranza torneranno. Auguriamoci di essere nel maggior numero, non è vero, Natalia? Ti bacio ancora e ancora e ancora. Sii coraggiosa.

Leone

5.10 Natalia Ginzburg, 'Memoria', in *Mercurio*, 4 (1944)

Natalia Ginzburg is one of the major Italian novelists of the twentieth century. This little-known poem was written in response to her husband's death. The simple, highly-charged, language is typical of Ginzburg's best work.

Gli uomini vanno e vengono per le strade della città.
Comprano cibi e giornali, muovono a imprese diverse.
Hanno roseo il viso, le labbra vivide e piene.

Sollevasti il lenzuolo per guardare il suo viso,
Ti chinasti a baciarlo con un gesto consueto.
Ma era l'ultima volta. Era il viso consueto,
Solo un poco più stanco. E il vestito era quello di sempre.
E le scarpe erano quelle di sempre. E le mani erano quelle
Che spezzavano il pane e versavano il vino.
Ogni ancora nel tempo che passa sollevi il lenzuolo
A guardare il suo viso per l'ultima volta.
Se cammini per strada nessuno ti è accanto.
Se hai paura nessuno ti prende la mano.
E non è la tua strada, non è la tua città.
Non è tua la città illuminata. La città illuminata è degli altri,
Degli uomini che vanno e vengono, comprando cibi e giornali.
Puoi affacciarti un poco alla quieta finestra
E guardare in silenzio il giardino nel buio.
Allora quando piangevi c'era la sua voce serena.
Allora quando ridevi c'era il suo riso sommesso.
Ma il cancello che a sera s'apriva resterà chiuso per sempre.
E deserta è la tua giovinezza, spento il fuoco, vuota la casa.

5.11 Cesare Pavese, 'Niente è accaduto', in *La casa in collina* (Turin, Einaudi, 1948), 214–217.

La casa in collina tells the story of Corrado, a school teacher who takes refuge in the hills outside Turin. There he meets Cate with whom he had a relationship some years before. He suspects that he may be the father of her son, Dino. Corrado's inner turmoil is thus placed in the context of the external turmoil of the civil war. The following passage contains his meditations on the significance of the many deaths which occurred on both sides.

Niente è accaduto. Sono a casa da sei mesi, e la guerra continua.[11] Anzi, adesso che il tempo si guasta, sui grossi fronti gli eserciti sono tornati a trincerarsi, e passerà un altro inverno, rivedremo la neve, faremo cerchio intorno al fuoco ascoltando la radio.

Qui sulle strade e nelle vigne la fanghiglia di novembre comincia a bloccare le bande; quest'inverno, lo dicono tutti, nessuno avrà voglia di combattere, sarà già duro essere al mondo e aspettarsi di morire in primavera. Se poi, come dicono, verrà molta neve, verrà anche quella dell'anno passato e tapperà porte e finestre, ci sarà da sperare che non disgeli mai più.

Abbiamo avuto dei morti anche qui. Tolto questo e gli allarmi e le scomode fughe nelle forre dietro i beni (mia sorella o mia madre che piomba a svegliarmi, calzoni e scarpe afferrati a casaccio, corsa aggobbita attraverso la vigna, e l'attesa, l'attesa avvilente), tolto il fastidio e la vergogna, niente accade. Sui colli, sul ponte di ferro durante settembre non è passato giorno senza spari – spari isolati, come un tempo in stagione di caccia, oppure rosari di raffiche. Ora si vanno diradando. Quest'è davvero la vita dei boschi come si sogna da ragazzi. E a volte penso che soltanto l'incoscienza dei ragazzi, un'autentica, non mentita incoscienza, può consentire di vedere quel che succede e non picchiarsi il petto. Del resto gli eroi di queste valli sono tutti ragazzi, hanno lo sguardo diritto e cocciuto dei ragazzi. E se non fosse che la guerra ce la siamo covata nel cuore noialtri – noi non più giovani, noi che abbiamo detto «Venga dunque se deve venire», anche la guerra, questa guerra, sembrerebbe una cosa pulita. Del resto chi sa. Questa guerra ci brucia le case. Ci semina di morti fucilati piazze e strade. Ci caccia come lepri di rifugio in rifugio. Finirà per costringerci a combattere anche noi, per strapparci un consenso attivo. E verrà il giorno che nessuno sarà fuori della guerra – né i vigliacchi, né i tristi, né i soli. Da quando vivo qui coi miei, ci penso spesso. Tutti avremo accettato di far la guerra. E allora forse avremo pace.

Malgrado i tempi, qui nelle cascine si è spannocchiato e vendemmiato. Non c'è stata – si capisce – l'allegria di tanti anni fa: troppa gente manca, qualcuno per sempre. Dei compaesani soltanto i vecchi e i maturi mi conoscono, ma per me la collina resta tuttora un paese d'infanzia, di falò e di scappate, di giochi. Se avessi Dino qui con me potrei passargli le consegne; ma lui se n'è andato, e per fare sul serio. Alla sua età non è difficile. Più difficile è stato per gli altri, che pure l'han fatto e ancora lo fanno.

Adesso che la campagna è brulla, torno a girarla; salgo e scendo la collina e ripenso alla lunga illusione da cui ha preso le mosse questo racconto della mia vita. Dove questa illusione mi porti, ci penso sovente in questi giorni: a che altro pensare? Qui ogni passo, quasi ogn'ora del giorno, e certamente ogni ricordo più inatteso, mi mette innanzi ciò che fui – ciò che sono e avevo scordato. Se gli incontri e i casi di quest'anno mi ossessionano, mi avviene a volte di chiedermi: «Che c'è di comune tra me e quest'uomo che è sfuggito alle bombe, sfuggito ai tedeschi, sfuggito ai rimorsi e al dolore?» Non è che non provi una stretta se penso a chi è scomparso, se penso agli incubi che corrono le strade come cagne – mi dico perfino che non basta ancora, che per farla finita l'orrore dovrebbe addentarci, addentare noi sopravvissuti, anche più a sangue – ma accade che l'io, quell'io che mi vede rovistare con cautela i visi e le smanie di questi ultimi tempi, si sente un altro, si sente staccato, come se tutto ciò che ha fatto, detto e subìto, gli fosse soltanto accaduto davanti – faccenda altrui, storia trascorsa. Questo insomma m'illude: ritrovo qui in casa una vecchia realtà, una vita di là dai miei anni, dall'Elvira, da Cate, di là da Dino e dalla scuola, da ciò che ho voluto e sperato come uomo e mi chiedo se sarò mai capace di uscirne. M'accorgo adesso che in tutto quest'anno, e anche prima, anche ai tempi delle magre follie, dell'Anna Maria, di Gallo, di Cate, quand'eravamo ancora giovani e la guerra una nube lontana, mi accorgo che ho vissuto un solo lungo isolamento, una futile vacanza, come un ragazzo che giocando a nascondersi entra dentro un cespuglio e ci sta bene, guarda il cielo da sotto le foglie, e si dimentica di uscire mai più.

E qui che la guerra mi ha preso, e mi prende ogni giorno. Se passeggio nei boschi, se a ogni sospetto di rastrellatori mi rifugio nelle forre, se a volte discuto coi partigiani di passaggio (anche Giorgi[12] c'è stato, coi suoi: drizzava il capo e mi diceva: «Avremo tempo le sere di neve a riparlarne»), non è che non veda come la guerra non è un gioco, questa guerra che è giunta fin qui, che prende alla gola anche il nostro passato. Non so se Cate, Fonso, Dino, e tutti gli altri, torneranno. Certe volte lo spero, e mi fa paura.

141

Ma ho visto i morti sconosciuti, i morti repubblichini. Sono questi che mi hanno svegliato. Se un ignoto, un nemico, diventa morendo una cosa simile, se ci si arresta e si ha paura a scavalcarlo, vuol dire che anche vinto il nemico è qualcuno, che dopo averne sparso il sangue bisogna placarlo, dare una voce a questo sangue, giustificare chi l'ha sparso. Guardare certi morti è umiliante. Non sono più faccenda altrui; non ci si sente capitati sul posto per caso. Si ha l'impressione che lo stesso destino che ha messo a terra quei corpi, tenga noialtri inchiodati a vederli, a riempircene gli occhi. Non è paura, non è la solita viltà. Ci si sente umiliati perché si capisce – si tocca con gli occhi – che al posto del morto potremmo essere noi: non ci sarebbe differenza, e se viviamo lo dobbiamo al cadavere imbrattato. Per questo ogni guerra è una guerra civile: ogni caduto somiglia a chi resta, e gliene chiede ragione.

Ci sono giorni in questa nuda campagna che camminando ho un soprassalto: un tronco secco, un nodo d'erba, una schiena di roccia, mi paiono corpi distesi. Può sempre succedere. Rimpiango che Belbo[13] sia rimasto a Torino. Parte del giorno la passo in cucina, nell'enorme cucina dal battuto di terra, dove mia madre, mia sorella, le donne di casa, preparano conserve. Mio padre va e viene in cantina, col passo del vecchio Gregorio. A volte penso se una rappresaglia, un capriccio, un destino folgorasse la casa e ne facesse quattro muri diroccati e anneriti. A molta gente è già toccato. Che farebbe mio padre, che cosa direbbero le donne? Il loro tono è «La smettessero un po'», e per loro la guerriglia, tutta quanta questa guerra, sono risse di ragazzi, di quelle che seguivano un tempo alle feste del santo patrono. Se i partigiani requisiscono farina o bestiame, mio padre dice: «Non è giusto. Non hanno il diritto. La chiedano piuttosto in regalo.» «Chi ha il diritto?» gli faccio. «Lascia che tutto sia finito e si vedrà.» dice lui.

Io non credo che possa finire. Ora che ho visto cos'è guerra, cos'è guerra civile, so che tutti, se un giorno finisse, dovrebbero chiedersi: «E dei caduti che facciamo? perché sono morti?» Io non saprei cosa rispondere. Non adesso, almeno. Né mi pare che gli altri lo sappiano. Forse lo sanno unicamente i morti, e soltanto per loro la guerra è finita davvero.

Notes

1 French historians and authors of large-scale studies of death.
2 The historian E. P. Thompson.
3 'Seize him'.
4 'Bite him!'
5 'In the throat'.
6 Other prisoners who had been executed in a more conventional fashion.
7 During his arrest Bolis had managed to hide a number of razor-blades about his person.
8 'Fortune favours the brave'.
9 Later on, Bolis explains the circumstances of his escape.
10 A nineteenth-century poet and intellectual, whose diary was first published posthumously in 1938.
11 It is now winter 1944.
12 A partisan leader.
13 Corrado's dog.

PART 6 The Resistance and the Allies

6.1 Ferruccio Parri, 'Il movimento di Liberazione e gli Alleati', in *Il movimento di Liberazione in Italia*, 1 (1949), 7–24

Ferruccio Parri's (see Glossary) discussion of the relationship between the Resistance and the Allies appeared in the first issue of the journal of the Istituto Nazionale per la Storia del Movimento di Liberazione in Italia. That Parri should have chosen this topic illustrates the particular importance of the issue.

I [dirigenti del movimento] si sforzarono sin dall'inizio, è permesso dire, d'impostare i rapporti con gli alleati su un piano coerente con la impostazione generale della loro azione. Il governo italiano del sud non aveva né mezzi, né autonomia: da lui si potevano attendere solo riconoscimenti e la paterna benedizione. Gli alleati volevano dire mezzi per fare la guerra: ma soprattutto era presso di loro che giocavamo la partita essenziale e dovevamo sul campo conquistarci i galloni. Non oscuri ausiliari di quinta colonna, ma cobelligeranti; e domani – per questo si combatteva – al tavolo della pace non nemici vinti, ma alleati.

[…] Dei problemi particolari il più grosso e spinoso era quello dei «lanci». Intricata storia di trattative progetti ed accordi, ogni poco disfatti e da rifare, minuta storia di tentativi, prevalendo delusioni ed anche disastri sui successi. In realtà i mezzi alleati erano scarsi, ed in certi periodi impegnati a fondo nei Balcani: di che non ci si rendeva ben conto, come forse non si apprezzavano a sufficienza le particolari difficoltà per queste operazioni del teatro padano. Né lo zelo e l'impegno dei comandi dei servizi alleati aveva la temperatura della nostra ansia.

Parte delle sfasature verificatesi durante tutto il 1944 e degli squilibri negli aviorifornimenti dipese dalla diversa influenza esercitata dagli ufficiali alleati di collegamento locale. Infine le proteste e le doglianze, accusandosi anche – particolarmente dai

Comandi delle Garibaldi e da alcuni Comandi G.L. – gli Alleati di seguire nella politica dei lanci ragioni di partito. Credo infondata la censura, salvo qualche raro caso di preferenza.

[...] Man mano che la guerra alleata saliva al nord e batteva all'Appennino, ed insieme crescevano le forze partigiane e la loro combattività, e non vi era ferocia ed insistenza di rastrellamenti capace di estirpare la guerriglia che rivelava facilità di recupero spesso stupefacente, cresceva di pari passo l'ambizione militare del movimento. Non ambizione, ma volontà di inserirci come forza militare operante anche nel campo strategico: presenti nel quadro della guerra per essere presenti nel quadro della pace.

Necessità dunque di coordinare l'azione partigiana con quella alleata, per una necessità evidente di concentrare gli sforzi ed ottenere il massimo rendimento. Questo problema era stato impostato chiaramente sin dall'inizio dei rapporti con gli alleati, e vi si ritornò spesso attraverso la delegazione di Lugano,[1] ottenendo affidamenti generici, e risposte a mezza bocca.

[...] Intanto era sopravvenuta l'offensiva d'autunno. Gli alleati avevano assicurato l'avanzata a fondo. Tutte le forze partigiane furono gettate nella battaglia. Scontri furiosi con rilevante impiego d'effettivi partigiani e nemici si accesero in tutta la valle del Po, specie nell'Appennino emiliano e nel Veneto. Ma ora la Francia, non più l'Italia, interessava gli alleati, ed Alexander, alleggerito di due corpi d'armata inviati nella Francia meridionale e ridotto a due armatelle, si fermò alla linea gotica. Tutto il peso della violenta repressione tedesca e fascista gravò schiacciante sullo schieramento partigiano.

Di questo mutamento di fronte il Comando delle forze partigiane non era stato avvertito: o direttamente e tempestivamente avvertito. Come si potevano conciliare riconoscimenti, apprezzamenti, elogi, frequenti e calorosi, il desiderio spesso palese di strette intese con queste situazioni così sconcertanti? I rapporti con gli alleati avevano ormai una lunga storia e ponevano problemi di natura politica, militare, e tecnica che bisognava, che era urgente mettere in chiaro. Noi avevamo seguito un indirizzo rettilineo, puntato su obiettivi dichiarati: la disfatta dell'autunno e le sanguinose repressioni che via via stavano infierendo, le più efferate della lotta, ci ponevano di fronte al problema di fondo della nostra guerra. E la risposta era nelle mani degli alleati.

[…] Questi alleati, come uomini e come comandanti, come consideravano noi e la nostra lotta? Oramai, dopo un anno di lotta, potevamo dagli episodi risalire al quadro generale.

Pure alcuni motivi di sfondo, ma ben influenti, ancora ci sfuggivano nel loro pieno valore. Grandi promesse, grandi illusioni volavano in quegli anni sul mondo. Come non far credito ad una sincera volontà democratica, e – almeno nei capi – ad una illuminata capacità di comprensione che ne era il presupposto? Mancò, o difettò, questa nei capi politici: donde una errata, funestamente errata, impostazione della guerra e della pace, che associava nella condanna inespiabile del nemico di distruggere i popoli con i governi. Ma pesava sulle decisioni dei governi alleati un greve sedimento di rancore nazionale, di cui non potemmo che gradualmente misurare l'entità: un rancore profondo che l'aggressione di Mussolini, con il gravissimo allarme di El Alamein, aveva provocato nel popolo inglese e con la famosa pugnalata a tradimento al popolo francese. Questo rancore, cioè questa incapacità di comprensione illuminata e soprattutto pronta, pesò dolorosamente sulle nostre sorti e sulla nostra pace. E noi stessi non potevamo valutar ben chiaro quanto fosse avvelenata l'eredità del fascismo.

Non volendo ammettere in partenza che un esercito italiano potesse figurare tra gli alleati e che l'Italia potesse sedere se non come imputata al tavolo della pace, l'evoluzione che questa impostazione subì sotto la pressione delle circostanze fu lenta e non lineare.

Più aperti e comprensivi i rappresentanti loro in Svizzera, la loro influenza si smorzava incertamente e variabilmente attraverso i vari tramiti prima di arrivare a Caserta e a Roma; e più incerta ancora e smorzata arrivava di qui ai gabinetti di Londra e Washington dove le cose si decidevano. Ma ormai, verificato l'errore militare della campagna d'Italia e dirottato l'interesse sul teatro francese, le cose italiane eran considerate nell'immane tragedia del conflitto mondiale piccole cose.

Al primo incontro in Svizzera già si era rivelata una fondamentale disintonia tra noi e loro. Essi avrebbero preferito una partigianeria italiana organizzata in piccoli e mobilissimi gruppi di sabotatori, attivisti e sentinelle perdute dell'esercito alleato. A parte considerazioni tecniche, che mostravano come un'organizzazione di sabotaggio non è un punto di partenza, ma una posizione di arrivo risultato di selezione ed addestramento accuratissimi, a noi prima di ogni cosa interessava il carattere dichiarato e manifesto d'insurrezione nazionale. Costava evidentemente di più, ma solo a quel prezzo noi potevamo esser per il nostro paese qualcosa di più che dei soldati di Alexander. E costò di più, di quanto non volessimo e prevedessimo, perché i bandi di Mussolini e Graziani, gli arruolamenti dei tedeschi spinsero ai monti torme di giovani fuggiaschi che non si potevano respingere, e la presenza funesta dell'esercito di Graziani accentuò infaustamente l'orrore della guerra civile.

Il seguito degli avvenimenti e lo sviluppo dei nostri rapporti accentuò l'evidente divergenza di vedute. Ho detto come gli Alleati favorissero tra noi e loro una molteplicità di contatti che se aveva la giustificazione tecnica della molteplicità delle fonti d'informazione e della conseguente possibilità d'un maggior controllo, permetteva anche di frazionare quel movimento che noi volevamo unitario. Asserirei cosa storicamente contraria al vero se mi riferissi a precisi disegni in questo senso: non consta a me, né consta dai documenti che conosco. Ma il comportamento centrifugo di alcune loro missioni, specie nel Piemonte meridionale e nel Veneto occidentale, mostra che l'avversione contro l'unità del nostro movimento rivoluzionario non era, nell'organizzazione dei comandi alleati, materia di ufficiali isolati.

Vi era la questione dei monarchici. Se io sono sicuro della lealtà sostanziale dei rappresentanti alleati a Berna e quindi della loro neutralità politica, non son sicuro che appoggi non ufficiali e non autorizzati non abbiano sorretto vari tentativi, come quello tragicamente fallito nella primavera 1944, di un'armata dichiaratamente monarchica costituita in concorrenza alla nostra; come le manovre, a dir vero scarsamente efficaci, di alcune missioni monarchiche nella Valle del Po; come gli ostinati sforzi del rappresentante militare italiano a Berna che, in concomitanza con altri agenti monarchici operanti in Svizzera, seguendo verosimili direttive romane tendeva a creare dall'esterno un suo controllo, che noi fermamente escludevamo, sulla nostra organizzazione.

La questione della monarchia era particolarmente delicata. Anche se nel movimento di liberazione promosso principalmente dai partiti politici tre quarti o quattro quinti dei dirigenti e degli attivisti erano contro la monarchia, la presenza di ottimi valorosi compagni, alla testa d'importanti formazioni, imponeva in linea di onestà ed in linea di opportunità una tregua istituzionale che fu da noi sempre lealmente osservata, specialmente nel campo militare. Ma indubbiamente non poteva non preoccupare il peso degli Alleati sulla soluzione della questione, capitale per il nostro avvenire.

Che cosa pensavano gli Alleati? Prima di tutto conoscevano poco l'Italia e noi. Né, l'ho già detto, erano sempre obiettivamente informati e quindi ben orientati. A mio parere, inconvenienti maggiori sono stati evitati dai prudenti consigli dei due agenti di Berna e di qualche rappresentante alleato più comprensivo vicino a noi ed autorevole come il gen. Rosebery, del War Office. Si tenga conto che era l'Inghilterra a dirigere la politica alleata nel Mediterraneo, delega che procedeva dalla spartizione interalleata delle sfere di preponderante influenza e di azione: l'America rivelava la sua impreparazione a trattare degli affari politici dell'Europa in generale e del paese nostro in particolare. E l'orientamento del Gabinetto di Churchill non si rivelava favorevole all'indirizzo del movimento di liberazione, e la mentalità prevalente degli stati maggiori e degli ufficiali che lavoravano in Italia appariva istintivamente diffidente nei riguardi nostri, conservatrice e filomonarchica. Più agnostica, più neutrale ed in complesso più benevola l'America: ma più lontana ed in sostanza a rimorchio.

Inquietava dunque il governo inglese, e di riflesso i comandi in Italia, l'orientamento in prevalenza antimonarchico del movimento insurrezionale. Ma li turbava non meno la presa comunista, il rapido diffondersi delle Brigate Garibaldi, l'efficienza organizzativa e la capacità d'iniziativa dei loro centri. Temettero qualche volta, sulla scorta anche d'informatori interessati o allarmisti, che essi avrebbero fatalmente e facilmente fagocitato o assorbito le altre correnti, almeno sul campo militare. E concorse a renderli guardinghi la diffidenza verso il rivoluzionarismo di altra parte (parlo del Partito d'azione) che temevano destinato a definirsi in un frontismo generico a direzione comunista.

Ora intendiamo la loro difficoltà a capire la situazione italiana ed il nostro spirito. Allora ci stupiva e ci irritava, come ci irritavano gli amichevoli discorsi dei bonari amici americani che, sì, anch'essi avrebbero meglio gradito un generico movimento patriottico senza partiti, e senza storie di re o repubblica. C'era tempo dopo. Ora bisognava soltanto vincere la guerra. Ci ascoltavano, ci compativano capendo che il sangue ci bolliva diversamente che ad essi, ci bevevano su e ci volevano bene ugualmente. Vi era una mentalità più greve ed opaca che ci faceva freddo: giusta la vostra lotta contro Mussolini perché Mussolini ha mosso guerra all'Inghilterra, non perché il fascismo sia in sé da combattere. L'Inghilterra ha diritto alla democrazia; paesi di secondo rango, come l'Italia, possono benissimo accomodarsi con un regime similfascista. Purché pro-britannico. Questa mentalità aveva portato a questa guerra; e ne provocherebbe, prevalendo, una seconda.

Furono i rapporti personali di cordialità sincera stabiliti con poche eccezioni, con quanti elementi alleati vennero a contatto con noi, fu la stima che il combattente ha per il buon combattente, la solidarietà di fondo che lega chi lotta per una stessa causa a permettere di superare la complessa ed intricata difficoltà politica, psicologica, militare e tecnica di questa situazione. Ma questo lubrificante non sarebbe bastato se non fosse intervenuta la prova dei fatti. Avevamo tenuto e ci eravamo rafforzati a dispetto di ogni previsione. Ed i fatti parlavano con l'eloquenza che per il militare è senza contestazione in termini di forze nemiche assorbite, di capacità combattiva nemica, di divisioni logorate.

Avevamo resistito a tutte le sollecitazioni disgregatrici interne ed esterne. E finalmente gli alleati ritiravano ogni opposizione ed accettavano la nostra unificazione ed il comando unitario, stimando che esso fornisse migliori possibilità di equilibrio interno e di controllo. Ed ora avevamo anche compiuto l'ultimo passo, ed il più gradito ad essi, regolarizzando la fisionomia militare del nostro esercito irregolare, dandogli un comandante tecnico e non politico.

Era il momento dunque di chiarire a fondo la situazione e derivarne intese concrete precise e stabili. E potevamo farlo a fronte alta perché avevamo mantenuto la parola che un anno avanti, nel novembre 1943, avevamo impegnata. Né chiacchieroni né machiavellici. La serietà del movimento, l'eroismo dei combattenti strappava a questa gente riconoscimenti ampi commossi e leali. Potevamo trattare da pari a pari, poiché l'Italia combattendo dalla parte giusta mostrava di saper pagare con il suo sangue la libertà e l'indipendenza perdute.

6.2 Pietro Secchia, 'Il proclama di Alexander', in *La resistenza al fascismo,* eds M. Milan and F. Vighi (Milan, Feltrinelli, 1955), 182–185.

Pietro Secchia's (see Glossary) comments on the 'proclama di Alexander' are a good example of a widespread notion amongst the partisans that the Resistance movement was 'betrayed' by the Allies.

A tutte le difficoltà vennero ad aggiungersi nell'autunno del 1944 i proclami di Alexander e di Clark, invitanti i patrioti a smobilitare le loro formazioni.

Gli «alleati»[2] coprivano la loro losca manovra, tendente a stroncare la lotta del popolo italiano, mettendo avanti difficoltà di ordine obiettivo.

Essi dicevano che nel corso dell'inverno l'aviazione anglo-americana non avrebbe più potuto effettuare lanci di armi e di rifornimenti, dicevano che i partigiani non avrebbero potuto affrontare un altro inverno con tutti i suoi rigori, per cui li invitavano a tornarsene alle loro case.

Ed allora si ebbe una nuova forte ondata di attesismo e di tendenza alla capitolazione. Quest'ondata si riversò su di noi con argomentazioni polemiche, pratiche, tecniche e militari da parte dei dirigenti dei partiti conservatori e di coloro che erano preoccupati dello sviluppo della guerra di liberazione nazionale.

Tutti gli strateghi fecero a gara per dimostrarci l'impossibilità della guerra in montagna d'inverno, ci accusarono di crimine, di leggerezza, di mancanza di senso di responsabilità.

Ancora una volta il partito comunista tenne saldamente testa a tutte le tendenze liquidazioniste, lottò contro il disfattismo e fu assolutamente contrario alla smobilitazione dei partigiani.

Ma non era sufficiente essere contrari alla smobilitazione ed alla capitolazione, si trattava di dare direttive concrete, di trovare soluzioni, di indicare alle formazioni partigiane ed ai loro comandi la via da seguire per affrontare il rigore della stagione e le asprezze della guerra, si trattava non soltanto di mantenere in efficienza, ma di rafforzare ancor di più il movimento partigiano.

Non potevamo neppure dire apertamente che il proclama di Alexander era una losca manovra. In quella situazione occorreva fare buon viso a cattivo gioco: nelle nostre circolari spiegammo che il proclama di Alexander non intendeva parlare di smobilitazione e di «stasi invernale», ma solo della impossibilità «di una campagna invernale» delle truppe alleate. Il messaggio – dicevamo – intendeva soltanto avvertire i partigiani che il ritmo delle azioni «alleate» durante l'inverno sarebbe stato rallentato e che perciò era bene che i partigiani non iniziassero prematuramente delle grandi azioni a carattere insurrezionale.

Aggiungevamo subito però che era naturale che i partigiani dovessero condurre altre azioni.

Ci sforzammo cioè di interpretare il messaggio nel modo migliore, sostenendo che esso non poteva voler dire che bisognava desistere dalla lotta.

Naturalmente quel messaggio fu una doccia fredda sul fervore dei combattenti, e tutti gli attesisti, tutti gli opportunisti ci si buttarono sopra. Ma noi reagimmo energicamente, dicendo che, anche se l'avessimo voluto, non potevamo dire ai patrioti che da un anno si battevano contro i nazifascisti: «Adesso è giunto l'inverno, andatevene a casa; in attesa che torni la primavera, noi ci disinteressiamo di voi!». Tra l'altro, nessuno dei patrioti avrebbe potuto tornare alla sua casa: lo avrebbe ghermito la reazione fascista. Una smobilitazione anche soltanto parziale, avrebbe costituito di fatto un invito a capitolare di fronte alle lusinghe ed

151

agli allettamenti dei nazifascisti, sarebbe stato un tradimento di tutto un passato di lotte e di onore.

Ed il nostro partito ed il Comando generale delle brigate Garibaldi indicarono chiara la via da seguire: «in alta montagna mancano le risorse necessarie per affrontare i rigori d'un inverno precoce, «la via da seguire è quella che porta in basso, nelle valli, nella pianura.» Questa fu la direttiva generale alla vigilia dell'ultimo inverno. Era questa una direttiva che risolveva un difficile problema tecnico militare e nel tempo stesso un problema politico, quello di avvicinare il grosso delle formazioni partigiane alle città.

Naturalmente, difficoltà e pericoli stavano di fronte alle nostre formazioni anche nelle valli ed in pianura: era necessaria una grande mobilità ed una grande capacità di manovra per sfuggire ai rastrellamenti nemici.

Come far fronte ai problemi del vettovagliamento durante l'inverno? Il partito intensificò la sua attività per procurare e far pervenire (il più difficile era far pervenire) con ogni mezzo ai partigiani gli aiuti necessari per continuare il combattimento anche nella stagione invernale. Il Fronte della gioventù, i gruppi di difesa della donna, i comitati di liberazione periferici, i comitati di agitazione nelle fabbriche si mobilitarono per raccogliere cibi, vettovaglie, scarpe, coperte, indumenti di lana, maglie, ecc. Si organizzarono le settimane del partigianato, si confezionarono e si fecero arrivare alle formazioni combattenti decine di migliaia di pacchi.

Ed i nostri valorosi partigiani resistettero e vinsero. Ebbero ragione dell'inverno, ebbero ragione del nemico, ebbero ragione di tutti gli attesisti ed i capitolardi. L'inverno fu duro, perché alla difficoltà della stagione ed all'offensiva disfattista si aggiunse l'offensiva dei tedeschi-fascisti, rastrellamenti in massa tendenti ad approfittare della situazione per assestare un colpo mortale alle formazioni patriote. Chi sosteneva che l'inverno, con le sue difficoltà, ed in conseguenza di una supposta stasi militare, avrebbe reso impossibile ogni azione contro il nemico, fu smentito in pieno. L'esercito partigiano, attaccato da tutte le parti, senza coperte e senza scarpe, sotto montagne di neve, con povere armi e scarse munizioni, si è magnificamente difeso, ha resistito alle divisioni delle SS e delle brigate nere armate sino ai denti. Fu una lotta impari, magnifica per eroismo e per spirito di sacrificio, ma il movimento partigiano fu salvo e furono salve le nostre città, le nostre fabbriche, le nostre macchine, i nostri prodotti. All'affacciarsi della primavera, della primavera d'Italia, all'affacciarsi delle battaglie decisive noi ci trovammo con un esercito partigiano più forte, più agguerrito, più temprato di prima. Ci trovammo ad avere nelle mani un esercito partigiano in grado di passare all'offensiva, in grado di dare la battaglia decisiva per liberare definitivamente le nostre città ed i nostri villaggi.

6.3 Gian Enrico Rusconi, 'Le radici dei difficili rapporti tra Resistenza e Alleati', in *Resistenza e postfascismo* (Bologna, Il Mulino, 1995), 69–71.

Gian Enrico Rusconi teaches political science at the University of Turin. In his book *Resistenza e postfascismo* (see Introduction) he argues that the question of the Resistance and the Allies needs to be reassessed. The following passage is part of that reassessment.

Il fatto che la liberazione dell'Italia dalle truppe tedesche sia sostanzialmente opera dell'azione militare degli Alleati non ci esonera dal prendere in attenta considerazione la collaborazione politico-militare tra Alleati e Resistenza.

[...]

Si tratta di una collaborazione piena di circospezione e persino di diffidenza reciproca che tuttavia reggerà sino alla fine. Assume la forma di una competizione cooperativa che tiene conto di tre dati di fatto.

a) Alleati e resistenti hanno una concezione profondamente diversa del significato della loro lotta antitedesca e antifascista; tra loro c'è una vera e propria dissonanza cognitiva che in alcuni protagonisti viene corretta dallo schietto desiderio di capire le reciproche ragioni; in altri invece rimane un'incompatibilità di giudizio appena dissimulata.

b) Nonostante il comportamento formalmente ineccepibile del PCI di Togliatti nella coalizione antifascista, il rapporto Alleati-Resistenza è sempre appesantito dai sospetti verso la politica comunista. Le bande garibaldine – nonostante le infinite frizioni e alcuni fatti di sangue con le altre bande – non si espongono mai a gravi censure da parte alleata. Ma il PCI non nasconde la sua natura di partito rivoluzionario, antiborghese, antiliberale, anticapitalista, cioè tutto il contrario di quanto è ritenuto politicamente augurabile da chi orienta la politica alleata in Italia anche in previsione del dopo- Liberazione.

c) Per motivi diversi presso la Resistenza come presso gli Alleati manca un centro decisionale unitario in grado di imporre una linea univoca ai loro rapporti. Il CLNAI è condizionato dalla propria logica interna partitica; nel campo alleato, di fatto politicamente guidato in Italia fino al 1945 dagli inglesi (con crescenti frizioni con gli americani), le autorità militari e politiche faticano a trovare una strategia coerente a tutti i livelli verso il movimento partigiano.

Come sappiamo, l'obiettivo politico-militare di Londra è quello di ridimensionare, una volta per tutte, la posizione dell'Italia in un'area regionale ritornata sotto l'egemonia britannica. Gli inglesi sono scesi in guerra e si avviano alla vittoria con un enorme dispendio di uomini e mezzi che li sta dissanguando. È naturale che non abbiano simpatia per la nazione italiana che li ha sfidati e attaccati in un modo per essi ingiustificato, mettendo a repentaglio (con l'aiuto tedesco) la loro posizione mediterranea.

Naturalmente gli inglesi sono contenti della caduta del fascismo ma lo leggono in chiave di coup d'état interno agli ambienti monarchici e militari, senza un apporto significativo delle forze antifasciste. Favoriscono quindi la restaurazione di un regime liberale conservatore, monarchico, cercando di pilotarlo in senso pro-britannico. Il tutto avviene in una condizione di protettorato politico-militare che vincola il governo italiano ad un pesante armistizio, per nulla attenuato dall'ambiguo status di «co-belligerante». Siamo davanti all'applicazione, appena aggiornata, della tradizionale logica di potenza. Harold Macmillan ne vede bene i limiti e i pericoli, ma lui stesso si sente sostanzialmente impotente per correggerli.

In questa prospettiva la Resistenza si presenta agli inglesi come un contributo militare da usare e come un potenziale politico da controllare disinnescandone gli aspetti eversivi. L'anticomunismo, che sino alla crisi greca dell'autunno/inverno 1944–45 svolge un ruolo latente, diventa in seguito più palpabile.

Gli esponenti della Resistenza che entrano in contatto ai livelli medi e massimi, con gli Alleati, soprattutto con gli inglesi, colgono confusamente questo insieme di atteggiamenti. Hanno la sensazione che la loro scelta armata antifascista non rappresenti, agli occhi alleati, quella rottura morale e politica radicale con l'Italia fascista che essi, gli antifascisti in armi al nord, sono convinti di incarnare. Per gli Alleati il movimento di Resistenza è un episodio, indubbiamente nobile, ma interno alle vicende di una guerra in atto: uno schieramento dalla parte giusta, legittimo ed encomiabile, che non cancella però lo status dell'Italia come nazione vinta. I programmi di rinnovamento democratico (e/o socialista) che molti antifascisti ritengono qualificanti per il movimento resistenziale come premessa per estirpare le radici storiche del fascismo stesso, sono guardati con indifferenza o con sospetto dagli Alleati. Ciò che conta per loro è vincere la guerra, senza pregiudicare in nessun modo il futuro assetto del paese, tanto meno in senso socialista o comunista. Per questo non nascondono le loro simpatie per i resistenti di orientamento liberale e lealista verso la monarchia.

Come possono Alleati e Resistenza (o quantomeno una parte consistente di essa) combattere lo stesso nemico, in base a motivazioni e obiettivi così differenti tra loro?

Anticipando uno schema interpretativo che svilupperemo più avanti, possiamo considerare la Resistenza e gli Alleati come due attori che si sperimentano cautamente l'un l'altro, si scambiano cooperativamente risorse materiali (fornitura di armi e viveri in compenso di azioni di guerra) e immateriali (assicurazioni di lealtà da parte partigiana versus riconoscimento ufficiale da parte alleata), sulla base di un obiettivo minimo comune. Ma contemporaneamente non perdono di vista i rischi di una defezione reciproca (mancato aiuto militare versus azioni politico-militari non concordate, non ortodosse o addirittura eversive).

È uno «scambio politico» non paritario. La Resistenza, nelle condizioni materiali e politiche in cui si trova nella seconda metà del 1944, ha bisogno degli Alleati più di quanto questi non abbiano bisogno della Resistenza. Gli Alleati colgono l'opportunità dell'attività partigiana, senza averla seriamente sollecitata o meglio avendo soltanto richiesto circoscritte azioni militari (sabotaggio, disturbo delle linee di rifornimento del nemico, aiuto ai prigionieri alleati fuggiti dai campi, ecc.) escludendo quindi espressamente ogni tipo di impegno sul modello di un «esercito di Liberazione nazionale». Sarà un motivo fisso degli Alleati, eluso (almeno tentativamente) dal movimento di Resistenza.

6.4 Renata Viganò, 'Stasera c'è una novità', in *L'Agnese va a morire* (Turin, Einaudi, 1972), 140–142.

The two passages which follow are taken from Viganò's novel *L'Agnese va a morire*. The first describes the partisans' reaction to Alexander's message. The second is a damning condemnation of the military inefficiencies of the Allies, and particularly the English troops.

«Clinto, – disse il Comandante. – Stasera c'è una novità.» Rientrava dopo molti chilometri percorsi in bicicletta sotto la pioggia. Si avvicinò alla stufa accesa, e Clinto che stava asciugandosi le scarpe inzuppate, si strinse verso il muro per fargli posto. «Ascolta anche tu, Agnese.» disse il Comandante. Aveva in mano dei manifestini lanciati dagli aerei inglesi. Era Alexander che scriveva, il generale Alexander, quello che finora aveva detto ai partigiani: «Fate questo, fate quello, siete bravi, siete coraggiosi, verremo presto a liberarvi, ma intanto attaccate i tedeschi, distruggete i loro automezzi, fate saltare i ponti, spezzate i cannoni. Vi manderemo tutto ciò che vi occorre, ma in attesa fate la guerra con quello che avete. Fate la guerra in tutti i modi, lasciatevi ammazzare più che potete, noi siamo qui e stiamo a guardarvi.» Le parole suonavano diverse, belle, ben fatte, ma il senso era questo, finora. Stasera invece il generale aveva cambiato umore. Diceva: «Per il momento non si fa più niente, noi ci accomodiamo per l'inverno, abbiamo bisogno che il tempo passi. Abbiamo molto da scaldarci, molto da mangiare, in Italia si sta bene, rimandiamo alla primavera la vostra libertà. Intanto voi partigiani italiani sciogliete le formazioni, andate a casa, fate una lunga licenza, in primavera avremo bisogno di voi per venire avanti, vi avviseremo, vi richiameremo. Buona fortuna, partigiani italiani.» Anche questa volta le parole erano diverse, ma volevano dire questo, cioè un altro inverno di tormento.

Il Comandante lesse e spiegò. Poi disse una bestemmia che parve molto strana nella sua voce dolce. «Sciogliere le formazioni, – esclamò Clinto. – Per andare dove? Chi di noi potrebbe andare a casa? Siamo tutti ricercati o renitenti alla leva. E i cecoslovacchi, i neozelandesi, i russi possono andare a casa?» «Sta' zitto, – rispose il Comandante, – queste cose le so. S'intende che non è possibile che uno solo di noi vada a casa. Le formazioni restano. Il proclama serve soltanto per far conoscenza con i nostri alleati e provare una volta di più che se ne fregano di noi.» Era irritato e stanco: posò i piedi contro la stufa, le scarpe bagnate fumavano. «Non sarà male mostrare che ce ne freghiamo di loro.

L'Agnese mise sulla tavola i piatti della minestra. Il lume a petrolio faceva poca luce; lo stanzone mezzo buio, con tanta roba accatastata e le brande distese in fila non aveva aria di casa, piuttosto di magazzino e di caserma, e un odore scialbo, come di polvere antica, di vecchie mercanzie, non vendute. Era un posto molto triste.

Clinto mangiava la minestra e si sfogava: «Ci piantano così, adesso che comincia la cattiva stagione. Ci hanno dato da bere tante «balle». Siamo stati proprio degli stupidi a rischiare la vita per far comodo a loro. Non gli manca niente, hanno abbondanza di tutto, per questo non hanno fretta. Aveva ragione Tom quando diceva che sono cattivi quasi come i tedeschi.» Anche il Comandante teneva la faccia china sopra il fumo caldo della minestra, mangiava adagio, senza molto appetito. Disse: «Senti. Per quello che hanno mandato fino adesso possiamo anche farne a meno. È tanto che promettono un lancio di armi. Non abbiamo mai visto niente: soltanto bombe. E allora di che cosa ti lamenti?

157

Faremo da noi.» Si volse all'Agnese che friggeva la carne, ed era tutta rossa ed accaldata per la fiamma della stufa: «Tu che cosa ne dici, mamma Agnese?» «Io non capisco niente, – rispose lei, levando dal fuoco la padella, – ma quello che c'è da fare, si fa.»

6.5 Renata Viganò, 'Un partigiano si precipitò giù dal pendìo', in *L'Agnese va a morire* (Turin, Einaudi, 1972), 210–212.

Un partigiano si precipitò giù dal pendìo, dietro di lui un altro, un altro, sette, otto si buttarono sparando contro i tedeschi, riuscirono a farsi un varco. I tedeschi esitarono un attimo davanti a quella furia di vivere. Bastò perché essi scomparissero nei fossi. Non si vedevano e sparavano. Riemersero più lontano, sparsi nelle piantate, una raffica ne abbatté due, gli altri sparirono di nuovo. Il nemico rinunciò all'inseguimento, si vendicò su quelli rimasti. Allora si vide il grosso Vladimiro alzarsi in piedi. Dominava l'argine col suo pacifico berretto di pelo calato sulla fronte. Fece due lunghi passi incontrollati, guadagnò il ciglio, Kolia e gli altri due russi gli corsero dietro, poi corse tutta la compagnia, quelli che erano ancora vivi. Nello sbalzo qualcuno rotolò giù, franò fino in fondo, davanti alle scarpe dei tedeschi in avanzata. I russi andavano all'attacco urlando, gridi pazzi, terribili, come di gioia o di baldoria; si gettavano avanti alla baionetta e si scontravano con l'altra compatta linea di tedeschi che saliva dal lato opposto per chiudere il cerchio. Vladimiro, gridando, lavorava con la baionetta, l'arma era come un lampo nelle sue mani enormi. Corpo a corpo tedeschi e partigiani, giù per la ripa scoscesa, fra i sassi e i cespugli di spini. Il vivo si liberava del morto che gli stava sopra, lo scrollava via come un sacco, del morto che gli stava sotto, lo pestava per aprirsi il passo. Ma i partigiani diminuivano: rimanevano ormai appena una ventina, di cui molti feriti. Nell'aria assordante si sentivano le loro voci lente; un lamento strano, sembrava qualcuno che cantasse, veniva di là dall'argine, uno che

158

non era morto, era restato solo, la guerra l'aveva lasciato indietro, e doveva morire. Mentre i compagni lottavano per salvarsi, non gli davano ascolto, non potevano pensare a lui.

Dalla sponda opposta del fiume, oltre la gonfia acqua spumosa che faceva lega coi tedeschi per impedire il passaggio, si svegliarono anche le mitragliere contraeree degli alleati. Gli inglesi avevano inteso il frastuono della battaglia, guardavano coi binocoli, stando sicuri nelle loro postazioni. Videro molti tedeschi e pochi partigiani. Non gli importava niente, agli inglesi, di quei pochi partigiani che combattevano per non morire, che erano arrivati tanto vicini – appena la modesta lunghezza del fiume – ad afferrare la libertà. Gli alleati volevano colpire i tedeschi. Il tiro fu diretto su quella stretta terra fra i due argini, in cui si agitava ancora tanta gente, batté sui sassi, sugli spini, sulle ripe, dovunque si vedeva muovere, dovunque c'era battaglia e vita, e anche sul paese, sui civili che non c'entravano.

Il numero dei partigiani calava sempre: erano riusciti, non si sa come, a sganciarsi dai tedeschi, ad allontanarsi un poco: adesso potevano servirsi delle armi automatiche, ricominciavano a sparare. Ma gli inglesi intervennero una seconda volta, nel furibondo dialogo dei mitra e degli sten. La valletta venne battuta palmo a palmo, una grossa ondata di ferro. Proiettili grossi, fatti per forare la veste metallica degli inesistenti aerei germanici, piovvero sui corpi scoperti. Nessuno poteva scampare, come nessuno può stare senza bagnarsi sotto una pioggia dirotta. I partigiani sparavano l'ultimo colpo e morivano. Anche Tom, il comandante di compagnia, sparò l'ultimo colpo e morì. I tedeschi si ripararono oltre l'argine. Si fece un ponte di silenzio fra uno scoppio e l'altro.

Vladimiro si alzò ancora, l'altro russo rimasto lo seguì, lo seguì l'ultimo vivo degli italiani, Gim, che era stato sempre il più timido, un debole ragazzo; corsero verso il fiume. Vladimiro si gettò nell'acqua, nuotò in mezzo alla corrente, vide che Gim e il russo stavano per essere travolti; l'acqua era resistente, non si lasciava sopraffare da una piccola spinta di braccia. Tornò indietro, afferrò Gim per la giacca, disse qualche cosa al russo che gli s'attaccò alla cintura, nuotò con il solo braccio libero trascinando tutto il carico. Tagliava il fiume di traverso, lo vinceva bracciata per bracciata, non si vedeva che andasse avanti, tanto era lo stento. Il suo berretto di pelo nero sembrava fermo in mezzo all'acqua. Gli inglesi lo seguivano col binocolo, qualcuno era pronto a venire alla riva incontro agli scampati, quando l'avessero raggiunta. Gli inglesi sono degli sportivi, gli piacciono le belle imprese di forza. Si divertirono a guardare: poi dettero finalmente alle mitragliere l'ordine di cessare il fuoco che continuava sui morti.

6.6 Beppe Fenoglio, 'The English mission', from *Ur Partigiano Johnny*, in *Opere* I.1 (Turin, Einaudi, 1977), 5–9.

The following passage is taken from one of Fenoglio's unfinished drafts for *Il partigiano Johnny*, and is written in a strange English which has been described by one critic as 'fenglese'. The passage recounts Johnny's first meeting with English officers. Johnny has long been obsessed with all things English and is very disappointed by the people he meets.

[...] North[3] complimented for the grim fighting and undaunted aggressivity and stated they had fought under the admired eyes of the English Mission.

Johnny's heart stopped beating at these two last words and he cast eyes to the opposite hills, luridously outlined into the black-blue deep sky, thinking THEY were somewhere up there. And in the subsequent afternoon North's new state-car drove into Mango[4] with a mighty softness and stiff, newly obsequent bodyguards sportelled Johnny into it, under the gaping eyes of the Mango men and the nostalgic ones of Ghiacci and Franco. «The day was to come, for you to be lost for us and going to the job you were born for, – said Ghiacci, commiatolike – Aware, Johnny, don't let you be spoiled by Command.» And the car drove off with a morbid haughtiness, during the trip the escort many a time glancing askant at this quiet, taciturn, not at all self-assertive private who was said to know English mightily well and was becoming the situation-man and what was to be done to him in good or evil was just like as doing it to North himself. As to him, Johnny was painfully anxious and pessimistic, feeling like the lover going to meet at last his lady-love to whom he has so far sent only love-letters, the greatest love-letters in the world's history. Delusion was viciously ranging together with the 1 to 100 chance of meeting the dreamt perfection, the English just as Johnny expected, drawing them out from their history and men-gallery. Johnny shook his head in an impulsive and mad way made the escort look puzzledly at him. «I must start with the lower standard, – he thought, – I'm a fool of the first water in wanting to meet men with something of Lawrence, and something of Raleigh and something of Gordon in them.»

The car waded spoutfully into the mud-pelago was the central yard and Luciano stepped out to meet him. North was invisible, taking aloft from all since his father's death, only pacing the crests and the dales in his grief and rancour, bringing the deuil in his extraordinarily blackened faceskin. He had hardly introduced himself to the newcomes Englishmen and hastedly returned to his collinar grief, his men hearing now and then his shoutings of grief and rancour. Johnny to deal completely with them, that was North's errand through Luciano. The Englishmen, 2 of them, were on the northern meadow, in full and wanted solitude. And Johnny goggled at a reminiscence; somebody had written that Englishmen cling to solitude as in it they feel remarkable. So: «Dov'è che quei due stan sentendosi notevoli?» Luciano spouted: «The two are quite antipathic to me. And they aren't surely come for the drops for they've no radios nor operators with them. Go and ask what the devil they have come down for.»

Il capitano Boxhall ed il tenente Whitaker stood on the marge upper of the northern meadow, apparently deep in looking at the landscape. They were both in full dress and puttees on them and a-shoulder and a-belt their prestigious weaponings: carbine on the left shoulder and Marlin on the right one and Colt at the belt and a poignard too.

And Johnny yearned to be one of them, to be them, and the khakhi the very colour he was born in and for, and to have had all their experience, – and their borning and growing environment, and their homesickness for the witch-island and that present solitude, and their appeal from their own history, and their own chiefs, and their own waiting women, and the convoys, and A.S. and El Alamein and Sicily ... and même their teas, and their last-furlough night at the Palladium with Melachrino string-playing for them ...

The two had animadverted him and were now quietly surveying him. He paced on and up and was with them. Leftenant Whitaker was a common youngster (the same age of Johnny) could have born indifferently onboard any river of the white world, but captain Boxhall had a tiny, triangular face laterally swollening under a thick, diabolical growth of permanentated and extralucid-natural honey-and-brass hair to an immense nuque, being the bulk of his head. Being addressed in their tongue, they courtly sighed in relief, as a due event, and captain Boxhall from his front-trouser tascone fished out a large tin-box of Craven for an introductory cigarette. Controling the perfect accension of same, the captain said: «tis a very remarkable landscape.» «Something like Yorkshire,» hazarded Johnny out of very literary reminiscence.

«Never been there, – dryly said Boxhall. – You been there, lef?» «Where to? – awakened Whitaker. – Yorkshire? Never.» Twas 4,30 and the world was sadness. The sky was high, of a vertiginous and almost formicolant grey, and a gale chill and resigned, much like a curfew toll, came flipping-flapping the sad first leaves of the nearest trees. And in that sadness a nail-thought into the chilled Johnny's mind: «These are poor Englishmen. The poorness of these Englishmen!»

Notes

1 Discussions between the Allies and representatives of the CLN took place in Switzerland.
2 Secchia's own quotation marks!
3 Partisan leader whose father has been killed in battle.
4 Town in the Langhe region of Piedmont.

PART 7 25 April 1945 and the Liberation

7.1 Ada Gobetti, 'L'alba si levò grigia', in *Diario partigiano* (Turin, Einaudi, 1972), 352–376.

Ada Gobetti's diary/memoir is one of the best known accounts of the Resistance. Her description of the liberation gives an excellent picture of the high hopes it created.

L'alba si levò grigia, dominata da un silenzio che poteva essere tanto respiro di sollievo come sosta minacciosa e funesta.

Appena fu chiaro, sentii che potevo fare una corsa a casa, in cerca di notizie. Non incontrai anima viva fino in Corso Tassoni dove, all'angolo con Via Amedeo Peyron, eran fermi due o tre uomini, dall'aspetto di operai. «Ebbene?» gridai loro rallentando la bicicletta. E tanta era in quei giorni l'identità dei sentimenti e dei pensieri ch'essi intesero benissimo il senso della mia domanda e, benché non mi conoscessero com'io non li conoscevo, risposero con un gesto allegro della mano: «Se ne sono andati!»

Ripresi a pedalare di lena; di nuovo non incontrai nessuno sino in Piazza San Martino dove quasi incoscientemente, per la vecchia abitudine d'evitar sempre, quando fosse possibile, la Via Cernaia con la caserma dei militi, infilai direttamente la Via Juvara. A misura che m'avvicinavo a casa, evidenti si facevano i segni della recente battaglia: vetri rotti, muri scrostati. Col cuore in gola più per l'ansia che per la corsa, svoltai finalmente in Via Fabro; ed ecco Ettore col bracciale tricolore del CLN. Gli buttai le braccia al collo: «E Paolo?» «Eccolo.» rispose con un gesto. E lo vidi arrivare infatti, al volante d'una «topolino». Ed ecco Espedita che mi abbraccia, piangente e commossa; ed ecco i casigliani usciti sulla strada, che mi stringon la mano, rallegrandosi, congratulandosi. C'era in tutti, anche in quelli meno politicamente consenzienti, un senso di festoso sollievo, come per il dissiparsi d'un lungo incubo.

Con Ettore e Paolo, salii in casa, dove trovai un disordine indescrivibile. Mi raccontarono. Il giorno prima, erano appena tornati a casa – Paolo dalla Gioventù d'Azione, Ettore dalla raccolta dei pezzi per la trasmittente – quando, verso le 14, era arrivata una compagnia di partigiani, la 49a Brigata Garibaldi, che aveva occupato la nostra casa e quelle vicine, preparandosi a sferrar di lì l'attacco contro la caserma Cernaia. Paolo s'era immediatamente unito a loro, andando a tirar fuori dalla cantina il vecchio fucile modello '91, trovato il 10 settembre. Prevedendo che avrebbe «fatto caldo», Ettore aveva intanto consigliato ai vicini di scendere in cantina, nel rifugio 2, dove nessuno più scendeva da tempo, e in cui rimise a posto la luce. Il pomeriggio era trascorso nei preparativi e nell'attesa. I garibaldini ch'eran bene armati, con fucili, mitragliatori, *panzerfaust* e persino un *bazooka*, s'erano installati in casa, provvedendo a montare e preparare le armi in attesa che scendesse la sera per attaccare. Ettore s'era prodigato ad aiutarli: dall'aggiustare o ritrovar la vite mancante a fasciare i piedi d'un ragazzo che se li era feriti. Espedita, altre inquiline della casa (naturalmente le più semplici) avevan portato cibi e conforti.

Al primo scendere della sera s'era sentito un rumore d'automezzi e s'era visto snodarsi sul corso, al di là del giardino, una colonna armata: i tedeschi cercavan d'andarsene dagli Alti Comandi di Corso Oporto. Immediatamente i nostri s'eran messi a sparare dalle finestre prospicienti il giardino e avevan colpito diversi automezzi. Gli altri avevan risposto: n'era seguita una sparatoria violenta di cui si vedevano ancor le tracce sulla facciata della casa e sul piedestallo del monumento a Ettore De Sonnaz, che però aveva resistito impavido, come già durante i bombardamenti. La battaglia s'era, a intervalli, protratta per tutta la notte. A un certo punto, sentendo sparare da Corso Palestro (si trattava probabilmente dei fascisti della caserma Cernaia) avevan creduto che i nemici stessero per circondar l'isolato; ma per fortuna l'allarme era infondato.

Continuando a sparare, avevano colpito un camion con rimorchio pieno di munizioni che s'erano incendiate, continuando a esplodere a lungo. Alle prime luci dell'alba Paolo e un altro avevano attraversato il giardino per rendersi conto delle perdite inflitte al nemico: avevano incendiato un'autoblinda e il camion con rimorchio,

164

immobilizzato altri quattro camion, quattro o cinque macchine, colpito una «topolino», certo appartenente, a giudicar da quanto conteneva, alla Feld-Gendarmerie,[1] e ancora servibile, nonostante una gomma bucata. Paolo aveva cambiato la gomma e, caricati sulla macchinetta quanti più garibaldini ci stavano, erano andati alla caserma Cernaia, che appariva vuota e abbandonata. Lasciato lì il gruppo di partigiani a presidiare, era tornato a caricarne degli altri per portarli alla Stipel.[2]

Mentre raccontavano, provavo un rimpianto cocente, quasi di rancore: mentre lì si combatteva io ero rimasta per tutta la notte immobilizzata e quasi inattiva al Borello; ma subito, guardando Paolo ed Ettore sani e salvi, mi rimproverai quest'assurdo moto di ribellione. Nuovi compiti s'imponevano: meno romantici, ma altrettanto importanti.

Intanto, bisognava tornare al Borello, aver notizie precise, sapere quel che bisognava fare. Avrei voluto lavarmi e cambiarmi (dopo due giorni e due notti senza dormire, mi sentivo piuttosto *fanée*), ma ero troppo stanca per prender l'iniziativa necessaria. Me ne stavo seduta in cucina, in mezzo alle armi scariche e alle pentole e ai piatti sporchi, senza decidermi a muovermi. Vedendo il mio stato di collasso, Ettore si ricordò dell'esistenza d'una manciata di vero caffè che aveva provvidenzialmente serbato, e si accinse a prepararmelo.

[...]

Preso il caffè, incominciai a sentirmi un po' meglio; ma ecco che incominciò a squillare il campanello e ad arrivar gente: non amici, compagni di lotta, che avrei accolto con entusiastica gioia, ma persone poco conosciute o conosciute un tempo che, visto il mutarsi del vento e avuta forse notizia della carica che m'attendeva, s'affrettavano a venire a ricordarsi, a congratularsi, a raccomandarsi.

Decisi quindi di tagliar corto, andandomene, e rinunciando a ripulirmi e cambiarmi. Ettore tornò all'EIAR[3] a veder quel che c'era da fare; Paolo, fregiato della ferrea collana della *Deutsche Polizei*, trovata nella «topolino», inforcò anche lui la bicicletta e venne ad accompagnarmi.

Non dimenticherò mai quella passeggiata. Il cielo, grigio e

mutevole nei giorni scorsi, s'era definitivamente schiarito; il sole d'aprile illuminava sui viali gli alberi superstiti adorni di gemme nuove, le case più o meno straziate, le strade e le piazze su cui la gente timidamente ricominciava a muoversi. A misura che avanzavo verso la periferia, più fitte si facevano le bandiere; donne, uomini, fanciulli, si chiamavan festosamente, mentre le esponevano, da una casa all'altra; e chi aveva tagliato via lo stemma sabaudo, e chi l'aveva coperto con un pezzo di stoffa o di carta, e chi s'era limitato a metterlo a testa all'ingiù. Le campane delle chiese suonavano a festa. I passanti, pur senza conoscersi, si scambiavan notizie, saluti, grida di evviva e di gioia; talvolta si abbracciavano.

Al Borello, spirava invece aria di smobilitazione: terminata l'insurrezione, anche la sua funzione era finita. Quasi tutte le ragazze se n'erano andate: c'era Mino con qualche altro; c'era Pinella che m'avvertì di non andarmene, di rimanere lì perché sarebbero venuti a prendermi per portarmi al Municipio. Ed eccomi di nuovo inchiodata laggiù mentre mi pareva che ci fossero tante cose da fare. Soprattutto m'ossessionava il pensiero dei «politici» messi fuori dalle prigioni e che, non essendo di Torino, non sapevano dove andare. Bisognava requisire un albergo, organizzarlo per loro, pensare al loro conforto, far loro festa. Avrei voluto rintracciare le donne dei Gruppi di difesa e organizzar con loro la cosa. Ne parlai intanto con Pinella: la vedevo stanca e avvertivo in lei quel senso sottile di rimpianto nostalgico che io pure sentivo, e che segue spesso al raggiungimento d'uno scopo, all'attuazione d'un sogno: la malinconia che viene dopo *la cueilleson du rêve*.[4] «Com'era bello ieri sera!» mi disse a un tratto con un sospiro. Sì, era stato bello: quell'accordo, quell'intesa, quell'essere, quel lavorare insieme, quel dimenticar se stessi in tutti gli altri, quel sentirsi parte di un unico tutto. Ora invece si ridiventava individui singoli, isolati, ognuno con tendenze, responsabilità, ambizioni diverse. Era triste, ma era la realtà: e bisognava affrontarla con coraggio.

Presto arrivò qualcuno di corsa a dirmi che dovevo andar subito in Municipio. Inforcai immediatamente la mia vecchia bicicletta. Pinella protestava: «Ma ti par giusto che la vicesindaco arrivi in Municipio con una bicicletta simile? Non c'era una macchina per venirti a prendere?» Nonostante le sue proteste, partii ugualmente; mentre varcavo il cancello, ormai spalancato, i nostri e alcuni passanti mi fecero una specie d'ovazione non so se diretta all' autorità che stavo per assumere o allo splendore della mia *toilette*.

All'altezza di Via Cibrario, mi fermai sentendomi chiamare: era la macchina ch'era andata al Borello per prendermi e che Pinella m'aveva mandata dietro. Non ricordo chi la guidasse: ricordo invece benissimo la bruna Stefania, seduta a fianco del guidatore, con un mitra puntato fuori dal finestrino. Lasciai andare la bicicletta senza più occuparmene (era così sconquassata e aveva tanto servito che potevo benissimo perderla; e invece – vedi ironia! – qualcuno la raccolse e me la riportarono a casa) e salii sulla macchina.

All'imboccatura di Via Saccarelli – dove all'Istituto per l'Infanzia aveva avuto sede in quei giorni il CLN cittadino – vedemmo una fila di macchine in movimento: eran le nuove autorità cittadine che andavano a prendere il loro posto. Una macchina venne a fermarsi presso la mia; mi dissero di scendere, di cambiare; una grossa mano si tese per aiutarmi a salire, mentre una voce diceva: «Lei è la Gobetti? Io sono Roveda.» «Oh, finalmente!» esclamai con un senso di gioia; e, guardandolo in viso, compresi che avevo trovato un amico. «Diamoci del tu.» disse Roveda, dopo avermi a sua volta osservata.

Attraversammo la Piazza Statuto, entrammo in Via Garibaldi. Apriva il corteo un camion carico di partigiani armati; venivan poi le nostre macchine; poi altri camion di armati. Dalle finestre, dagli angoli delle strade, sparavano ancora, ma la gente, incurante del pericolo, si riversava sulla via al nostro passaggio. «Viva l'Italia! Viva i partigiani! Viva il CLN!» gridavano; e gettavano fiori; e le madri alzavano i bimbi e li tendevano verso di noi, perché vedessero, perché ricordassero. Mentre eravamo fermi per un attimo all'incrocio di Corso Valdocco, un tale, all'aspetto un vecchio operaio, s'affacciò alla macchina, riconobbe il mio compagno. «Roveda!» disse con voce che non dimenticherò mai. Era evidentemente un vecchio lavoratore, che con lui aveva lottato e sperato, che in lui aveva creduto, che, dopo l'8 settembre, l'aveva pianto, credendolo perduto. E ora se lo vedeva lì davanti, pronto a prendere in mano i destini della sua città. Vidi le lagrime rigargli il volto, mentre con gesto deferente si toglieva il cappello e s'inchinava. Compresi in quel momento che cosa sia la vera autorità.

Avremmo dovuto fermarci al Municipio, ma in Piazza di Città la sparatoria era così violenta che decidemmo d'andar prima in Prefettura. Appena scendemmo dalla macchina in Piazza Castello, qualcuno sparò dai tetti delle case vicine e i partigiani risposero con una violenza di fuoco che mi parve eccessiva: fucili, mitra, bazooka spararono per oltre un quarto d'ora facendo un fracasso infernale. «Buttatevi a terra! Riparatevi dietro le macchine!» gridò qualcuno. Ma noi non ci pensavamo neanche. In piedi, sorridendo, respiravamo a pieni polmoni l'aria della libertà; e gli spari ci parevano mortaretti di gioia. «Voglion far vedere che han tante armi, e consumare un po' di munizioni! – dissi a un certo punto, ridendo. – Ai cecchini chi ci crede?» Io non ci credevo infatti: ma avevo torto.

In un momento di tregua salimmo al «Palazzo del governo», dove il prefetto Passoni ci fece gli onori di casa e dove ritrovai con gioia Penati, Lucca, la Verretto e la Savio, rappresentanti dei Gruppi di difesa nella nuova Giunta, con cui mi misi subito d'accordo per organizzare l'albergo dove accogliere gli ex prigionieri; decidemmo di scegliere il «Patria» in Via Cernaia, sino al giorno prima occupato dai tedeschi, e prendemmo le disposizioni necessarie perché le donne dei Gruppi di difesa se ne occupassero immediatamente.

Nella piazza continuavano a sparare. In una saletta appartata, che dava sul Giardino Reale, si tenne la prima riunione della Giunta Popolare; ma non si dissero che poche parole di reciproco saluto, rimandando al giorno dopo la discussione di problemi più concreti.

Era già pomeriggio avanzato quando, attraverso il Giardino Reale, raggiungemmo a piedi, alla spicciolata, il Municipio. Salimmo le scale del Palazzo del Comune tra il plauso degl'impiegati facenti parte del CLN municipale e degli uscieri. «Finalmente! – ci disse, con le lagrime agli occhi l'imponente usciere-capo, Bertone, mentre c'introduceva nella sala. – Abbiam tanto sognato questo momento, quando ci toccava servir gente indegna del posto che occupava!»

Scegliemmo le rispettive stanze di lavoro, poi, trovata nel cortile una «topolino» con un autista disponibile (l'ottimo Manzoli che mi fu poi per circa due anni fedele e affezionato compagno di lavoro), la Verretto e io partimmo per veder come andavano le accoglienze agli ex prigionieri. Al «Patria» tutto era in ordine. Le donne dei Gruppi di difesa e soprattutto Ada Corti avevan fatto miracoli; le stanze eran pronte; i cibi provveduti; c'erano persino i fiori. Ma gli ospiti dov'erano? E come facevano a venire, se non lo sapevano? Occorreva la collaborazione della direzione delle carceri, che avrebbe potuto darci le indicazioni necessarie.

Partimmo dunque alla volta delle «Nuove». Ma penetrarvi non fu facile. I partigiani che le avevano occupate non volevano saperne di farmi entrare. Inutilmente spiegai le ragioni della mia richiesta, invocai la mia autorità di vicesindaco. «Ma va', – mi disse il ragazzotto che faceva da sentinella. – Anche le fumele adesso fanno il vicesindaco?» A un tratto ebbi un lampo di genio. Avevo ancora, cucito nell'interno della giacca, il distintivo GL. Glielo mostrai dicendo: «Sono una comandante partigiana: va' a chiamare il tuo capo, e in fretta!» Questa era un'autorità che aveva imparato a conoscere e rispettare: partì dopo essersi messo sull'attenti e tornò poco dopo accompagnato da … Pratis che, sin dal giorno prima, insieme all'avvocato Gallo, membro del CLN delle prigioni, lavorava a risolver le pratiche per la liberazione dei «politici», evitando così di metter fuori al tempo stesso, indiscriminatamente, anche i delinquenti comuni. Fu facile con lui mettersi d'accordo: avrebbe affisso un avviso all'uscita, avrebbe avvertito personalmente gli ex prigionieri non residenti a Torino; l'iniziativa gli parve ottima.

Passammo poi un momento al Borello per consegnar certa stampa: c'era gente che non conoscevo e l'incanto era definitivamente spezzato.

Poi tornammo al Municipio e lì ebbi finalmente un lungo colloquio con Roveda. Gli dissi le mie preoccupazioni circa gli ex internati e la necessità di provvedere a riceverli decentemente. Parlammo d'una quantità di cose, e decidemmo su vari punti, trovandoci fondamentalmente d'accordo e ponendo le basi d'una cordiale, feconda collaborazione che doveva durare, senza nubi e senza inciampi, per tutto il tempo del nostro lavoro comune. «Ma brava! – mi disse a un tratto (e la stessa frase ripeté poi più tardi,

varie volte). – Non si direbbe neanche che tu sia una professoressa!» E benché io non mi vergogni affatto d'essere una
professoressa, intendendo quel che voleva dire con quel giudizio,
ne fui profondamente lusingata.

S'aprì a un tratto la porta, lasciando entrare una donna che,
ridendo e piangendo, gettò le braccia al collo di Roveda. «Gioavannino, – gridava. – Oh, Gioavannino!» Era sua moglie, la fedele,
coraggiosa compagna che con lui aveva lottato e sofferto, ch'era
riuscita a salvarlo facendolo evadere dal carcere di Verona, e che,
dopo l'inizio dell'insurrezione, non l'aveva più visto. Ora lo ritrovava,
sano e salvo, e «sindaco»: sollievo, gioia e orgoglio la trasfiguravano.

Lasciai i coniugi alla gioia del ritrovarsi e decisi di tornarmene
finalmente a casa. Ma il portone del Municipio era sbarrato e gli
uscieri mi sconsigliarono vivamente di uscire. «Sparano! Ci sono i
cecchini!» mi dissero. Uscii ugualmente, scrollando le spalle: chi
ci credeva ai «cecchini»?

All'imboccatura di Via Garibaldi, completamente deserta, una
squadra di partigiani mi sbarrò il passo. «Non si può passare.
Sparano.» dissero. Mostrai loro il distintivo, la carta del CLN e mi
lasciarono andare. Avanzavo rapidamente lungo la strada vuota,
pensando che i «cecchini» eran pura fantasia, quando sentii fischiare un proiettile che andò a piantarsi nel muro a pochi centimetri
sopra la mia testa. Dunque i «cecchini» c'erano, anche se la loro
mira era imperfetta. Continuai la mia strada, internamente
accusandomi: il mio non era coraggio ma stupidaggine; di fronte
alle responsabilità che m'attendevano, non avevo il diritto di
rischiar la vita per una bravata incosciente.

A casa, dopo un momento, arrivarono anche Paolo ed Ettore.
Mangiammo qualcosa in fretta, poi io decisi d'andare a cercar
Mario Andreis. Volevo dirgli quel che avevo fatto, quel che
intendevo fare, sentirmi in qualche modo appoggiata, guidata nel
non facile compito che m'attendeva. Ettore e Paolo decisero
d'accompagnarmi. Non avevo la mia bicicletta (me la riportarono
più tardi) ed Ettore mi prese in canna.

Attraversammo la città, assolutamente queta e deserta. Da
Mario c'era anche Livio che si stava facendo la barba. Ma
m'accorsi subito che né l'uno né l'altro avevan voglia di starmi a

sentire: eran stanchi, storditi, presi ognuno da mille problemi, mille preoccupazioni. «Bene, bene, – rispondeva Mario a tutto quel che dicevo. – Hai fatto benissimo; come fai tu, va bene.» E aveva una gran fretta di mandarci via: «È meglio che non andiate in giro di sera tardi.» diceva.

Tornammo a casa in silenzio. Ce ne andammo a dormire nei letti che l'inestimabile Anna aveva rifatto e ripulito. Ma, per quanto fossi stanchissima, non mi riusciva di dormire.

Pensavo a tutto quel ch'era accaduto in quella lunghissima giornata; ma pensavo soprattutto al domani. I colpi d'arma da fuoco che si sentivano ancora lontano, di quando in quando, mi ricordavano che, nonostante l'esaltazione festosa di quel giorno, la guerra non era ancora finita; e sapevo che grosse forze tedesche erano ancora a poca distanza da Torino, a Grugliasco, nel Canavese. Ma non era questo in fondo che mi preoccupava. La lotta cruenta – anche se si potevano avere ancora degli episodi terribili (come effettivamente si ebbero, per esempio a Grugliasco) – era virtualmente terminata. Il Reich, secondo la profetica iscrizione letta nel Comando francese di Plampinet, era veramente *en ruines*. Presto sarebbero giunti gli Alleati. Non ci sarebbero più stati bombardamenti, incendi, rastrellamenti, arresti, fucilazioni, impiccagioni, massacri. E questa era una grande cosa.

E neanche mi spaventavano le difficoltà pratiche materiali, che bisognava affrontare per ricostruire un paese disorganizzato e devastato: ché le infinite risorse del nostro popolo avrebbero trovato per ogni cosa le più impensate e impensabili soluzioni.

Confusamente intuivo però che incominciava un'altra battaglia: più lunga, più difficile, più estenuante, anche se meno cruenta. Si trattava ora di combattere non più contro la prepotenza, la crudeltà e la violenza, – facili da individuare e da odiare, – ma contro interessi che avrebbero cercato subdolamente di risorgere, contro abitudini che si sarebbero presto riaffermate, contro pregiudizi che non avrebbero voluto morire: tutte cose assai più vaghe, ingannevoli, sfuggenti.

E si trattava inoltre di combattere tra di noi e dentro noi stessi, non per distruggere soltanto, ma per chiarire, affermare, creare; per non abbandonarci alla comoda esaltazione d'ideali per tanto tempo vagheggiati, per non accontentarci di parole e di frasi, ma rinnovarci tenendoci «vivi». Si trattava insomma di non lasciar che si spegnesse nell'aria morta d'una normalità solo apparentemente riconquistata, quella piccola fiamma d'umanità solidale e fraterna che avevam visto nascere il 10 settembre e che per venti mesi ci aveva sostenuti e guidati.

Sapevo che – anche caduta, con l'esaltazione della vittoria, la meravigliosa identità che in quei giorni aveva unito quasi tutto il nostro popolo – saremmo stati in molti a combattere questa dura battaglia: gli amici, i compagni di ieri, sarebbero stati anche quelli di domani. Ma sapevo anche che la lotta non sarebbe stato un unico sforzo, non avrebbe avuto più, come prima, un suo unico, immutabile volto; ma si sarebbe frantumata in mille forme, in mille aspetti diversi; e ognuno avrebbe dovuto faticosamente, tormentosamente, attraverso diverse esperienze, assolvendo compiti diversi, umili o importanti, perseguir la propria luce e la propria via.

Tutto questo mi faceva paura. E a lungo, in quella notte – che avrebbe dovuto essere di distensione e di riposo – mi tormentai, chiedendomi se avrei saputo esser degna di questo avvenire, ricco di difficoltà e di promesse, che m'accingevo ad affrontare con trepidante umiltà.

7.2 Romolo Gobbi, 'Sull'onda della retorica', in *Il mito della Resistenza* (Milan, Rizzoli, 1992), 99–103.

Romolo Gobbi's work is one of the many which have suggested that the Resistance has had a negative effect on Italy's development.

Sull'onda della retorica l'insurrezione è diventata, da fatto locale e particolare, un mito nazionale, una data da festa nazionale della Repubblica, la festa di coloro che hanno partecipato a quegli avvenimenti, e di quelli che li hanno visti dalla finestra.
[...]
Il mito cominciò a costruirsi fin da allora, da parte soprattutto

del PCI, che, più di ogni altro, aveva diritto di tramandare una immagine di quegli avvenimenti a suo uso e consumo:[5] «L'insurrezione scatenata anche soltanto 24 ore prima del tempo avrebbe potuto significare la decimazione della classe operaia, dei figli migliori del nostro popolo, praticamente la sconfitta dell' insurrezione nazionale popolare con tutte le sue conseguenze. Il che era certamente voluto e desiderato non solo dai fascisti, ma da tutte le vecchie cricche reazionarie italiane.

Dare il là dell'insurrezione troppo tardi, e cioè quando già gli anglo-americani fossero alle porte, avrebbe significato praticamente la capitolazione, avrebbe significato la distruzione dei nostri impianti industriali e il saccheggio delle nostre città da parte dei banditi nazisti in ritirata, avrebbe significato la rinuncia da parte degli italiani a liberare se stessi, le loro città, non solo dai tedeschi, ma anche dalla peste fascista.» Ma le cose andarono diversamente non per merito di chi fece la scelta del giorno giusto, ma proprio per quell'ordine emanato dal generale Wolff il 6 aprile 1945 a tutte le forze alle sue dipendenze, che vietava ogni distruzione degli impianti. I tedeschi si attennero sostanzialmente a questo ordine, si limitarono ad azioni di sganciamento quando questo era possibile, e, dove non lo era, si arresero ancor prima che fosse firmata la resa generale del 2 maggio 1945.

Dunque l'insurrezione fu inutile? Si potrebbe rispondere: non solo inutile, ma dannosa, perché ingenerò allora in alcuni l'illusione che si trattasse di qualche cosa di più che anticipare di qualche ora o di qualche giorno la liberazione da parte degli alleati. Ma dannosa soprattutto perché ancora oggi c'è chi crede che avrebbe potuto essere di più di quello che fu.

Certamente l'insurrezione servì ai partiti del CLN per spartirsi le principali cariche pubbliche prima dell'arrivo degli Alleati: a Torino, il sindaco toccò ai comunisti, il prefetto ai socialisti, il questore agli azionisti e il capo della provincia ai democristiani. Anche da questo punto di vista l'insurrezione fu dannosa perché instaurò il precedente della lottizzazione tra i partiti antifascisti, che caratterizzerà tutta la storia politica della Repubblica nata dalla Resistenza.

Comunque c'è ancora una questione da risolvere, attraverso la ricerca; è quella della partecipazione operaia all'insurrezione armata. Vi è una versione operaista, che tende a far risalire alla classe operaia il merito e il maggior contributo alla riuscita della insurrezione armata. Ma è noto che, ad esempio, a Genova non vi fu neanche uno sciopero insurrezionale: «In verità ciò che ostacolava la promozione diretta dell'insurrezione da parte della classe operaia attraverso lo sciopero generale, è l'atteggiamento titubante del CLN, i freni e le incertezze presenti fino all'ultimo al suo interno, i dissensi fra i partiti». Là dove lo sciopero insurrezionale riesce, come a Torino e a Milano, varrebbe la pena di sapere quanti operai parteciparono effettivamente agli scontri nella città, e alla «difesa degli stabilimenti».

Per ora basti citare l'inizio della «Relazione sciopero insurrezionale» della Fiat Mirafiori,[6] l'avanguardia di massa della classe operaia italiana: «Il 26 aprile, come da disposizioni ricevute, alle ore 9 si è iniziato lo sciopero «insurrezionale». Tutti i Sap della Mirafiori sono entrati immediatamente in azione, prendendo possesso dello stabilimento. Contemporaneamente una commissione operaia si recava in Direzione a chiedere, ottenendo, l'immediato pagamento della busta di emergenza. La lotta è iniziata con un armamento composto di n. 3 moschetti, 2 pistole mitragliatrici e qualche pistola di dotazione personale». Se questo era l'armamento dei 20.000 operai della Mirafiori risulta evidente la natura mitica del racconto che ci è stato tramandato sulla classe operaia in armi che ha salvato gli impianti industriali dalla distruzione dei tedeschi. Se i tedeschi avessero voluto avrebbero potuto spianare la Mirafiori, ma fin dal 6 aprile, data dell'ordine del gen. Wolff, era cominciata «la partenza alla spicciolata di comandi, ufficiali tedeschi, ed anche reparti. La partenza dei tedeschi avviene così, pian piano, coperta dalla permanenza delle forze repubblicane».

Anche i fascisti avrebbero voluto arrendersi, ma chiedevano di essere trattati come prigionieri di guerra: «Il Cln, venuto a conoscenza di questo passo, ha risposto, su nostra iniziativa, che i fascisti sono ribelli che devono rendere conto al governo italiano, devono arrendersi senza condizioni …».

Dunque i comunisti e gli azionisti vollero a tutti i costi fare l'insurrezione per potersi vendicare dei fascisti, per restituire il

174

trattamento da ribelli, che era stato fatto a molti partigiani durante i venti mesi della Resistenza. Per questo furono sacrificate altre vite, dalle due parti, e tra i fascisti non furono uccisi solo i «criminali di guerra», ma vi furono anche vittime innocenti o pesci piccoli:

«Ma Be ... il figlio di Gabibbo è un ragazzo.» Non lo chiamai Benito: avrei peggiorato la sua posizione. «È un ragazzo», ripetei in tono supplice. «Ha la mia età ...» È anche uno di quelli che ci credevano ... avrei voluto aggiungere. Come Morini, ricordi? Ma me ne mancò il coraggio. Era così difficile spiegarsi, sostenere che, forse, anche qualcuno di loro era in buona fede, riteneva di essere dalla parte giusta ...

Con il grande Benito quanti piccoli Benito furono sacrificati sull'altare della mitica «giustizia popolare»? Certamente la nascente democrazia avrebbe fatto più bella figura processando e condannando secondo le regole democratiche i vari «criminali di guerra».

Ma le guerre sono tutte criminali, sono fatte proprio per poter commettere impunemente dei crimini, e non fece eccezione la seconda guerra mondiale, durante la quale furono commessi crimini orribili da tutte le parti; solo che questa volta si vollero punire come criminali i capi dei vinti. Napoleone, che insanguinò l'Europa per vent'anni, venne mandato in villeggiatura prima all'isola d'Elba e poi, dopo la recidiva, finì a Sant'Elena.

In realtà l'esecuzione dei capi dei vinti come criminali servì non solo ad assolvere i popoli che si erano assoggettati ai loro regimi, ma anche a giustificare i vincitori per le efferatezze commesse nel combattere quei grandi criminali.

7.3 Pietro Scoppola, 'Introduzione', in *25 aprile. Liberazione* (Turin, Einaudi, 1995), 3–8.

The last passage in this anthology is taken from a book which was published to coincide with the 50th anniversary celebrations (for more details see Introduction).

Ha un senso, e quale senso, celebrare ancora il 25 aprile, anniversario della Liberazione?

Da cinquant'anni il 25 aprile è festa, la festa della Liberazione: è vacanza nelle scuole; si fanno cerimonie e discorsi ufficiali; gli italiani vanno a spasso o in gita fuori città; la primavera contribuisce a dare alla ricorrenza un sapore di evasione e di svago.

Ma quello che la data evoca è un evento grande e terribile; il punto di arrivo di una vicenda sanguinosa. È la fine per l'Italia della seconda guerra mondiale: una guerra che non ha precedenti nella storia umana, per caratteri ideologici, estensione geografica, numero di vittime, vastità di distruzioni.

[...]

Nei paesi occupati dai nazisti nascono governi collaborazionisti e al tempo stesso movimenti di resistenza agli invasori che mobilitano milioni di uomini. La resistenza è un fenomeno di dimensione europea.

L'Italia per decisione di Mussolini è coinvolta nella tragedia mondiale a fianco ai tedeschi. Dopo la sconfitta militare e dopo l'armistizio dell'8 settembre 1943, subisce una doppia occupazione militare: le truppe anglo-americane risalgono lentamente la penisola; il resto del territorio italiano è occupato dai tedeschi. Lungo venti mesi la linea di scontro fra i due eserciti si sposta lentamente verso il Nord, con due soste, la prima sulla «linea Gustav» nell'inverno 1943–44, la seconda sulla «linea gotica» nell'inverno 1944–45. In Italia si combattono due governi opposti, il governo Badoglio al Sud, il governo di Mussolini al Nord, rispettivamente legati ai due eserciti stranieri che occupano il suolo nazionale.

A nord del fronte che divide i due eserciti si sviluppa, anche in Italia come nel resto dell'Europa, un movimento di resistenza.

[...]

Nel complesso il movimento di Resistenza italiano ha la durata di venti mesi, il più breve nell'Europa occupata dai tedeschi; ma è fra i più grandi per partecipazione popolare con i suoi circa 250.000 combattenti. Intorno ai combattenti si manifesta la attiva solidarietà di molti italiani. Nell'area occupata dai tedeschi i giovani di leva si trovano di fronte alla scelta drammatica di accettare o rifiutare la chiamata alle armi della Repubblica sociale

176

di Mussolini; rifiutandola, come fanno per la maggior parte, sono passibili della pena di morte. Circa seicentomila sono i soldati e gli ufficiali italiani, già alle armi, deportati nei campi di concentramento tedeschi perché rifiutano la collaborazione.

L'aspetto più drammatico della vicenda è la lotta armata fra gli italiani, fra i resistenti e coloro che hanno accettato di collaborare con il governo fascista di Salò. Si calcolano circa 50 mila morti nelle file della Resistenza; più difficile stabilire il numero delle vittime dall'altra parte. La lotta si sviluppa in una lunga scia di violenze, di atrocità e di sofferenze.

Il 25 aprile segna per l'Italia la conclusione di questo dramma con la vittoria degli anglo-americani e della Resistenza italiana: è la data della seconda caduta del fascismo, risorto sotto la protezione delle armi germaniche, dopo la prima caduta del 25 luglio 1943; è la data simbolo della Resistenza e della fine della guerra in Italia.

Anche riassumendo così gli eventi, nella maniera più scarna e sommaria, questa data rappresenta dunque qualcosa di decisivo per la storia del paese: punto di arrivo di una vicenda drammatica, punto di partenza della ricostruzione della democrazia italiana.

Vi sono tutti gli elementi per fare di questa data un elemento forte di riferimento per la storia del popolo italiano. I popoli, come le famiglie, hanno bisogno di date simbolo in cui riconoscersi e ritrovarsi uniti: i francesi celebrano il 14 luglio, l'anniversario della presa della Bastiglia, come elemento forte di identità collettiva; gli americani festeggiano il 4 luglio la conquista della loro indipendenza dagli inglesi; nei paesi dove ancora esiste una monarchia, che è simbolo di unità del paese e di identità nazionale, le feste dinastiche conservano un notevole significato.

Ma gli italiani stentano a trovarsi uniti sui momenti salienti della loro storia; non vi è nel nostro paese il sentimento radicato di una storia comune; l'opera degli storici ha contribuito, con interpretazioni radicali e unilaterali, legate a presupposti ideologici e politici, a lacerare più che a comporre il tessuto di una storia comune. Ciò che divide sembra avere avuto più peso di ciò che unisce: la celebrazione della unità nazionale ha visto a lungo i cattolici in un atteggiamento di riserva e di disagio per la ferita che il processo unitario aveva inferto alla Chiesa; del Risorgimento gli storici di formazione marxista hanno esasperato i limiti di classe; la vittoria del novembre 1918, costata tanti lutti e tanti dolori, è stata presto sentita da molti come una «vittoria mutilata».

Il 25 aprile non sfugge a questo destino: la data non ha acquistato in cinquant'anni lo spessore di un segno della identità nazionale. Gli sconfitti, coloro che avevano aderito alla Repubblica sociale di Mussolini, hanno indicato subito in quella data niente più che il simbolo di una guerra fratricida «da sinistra»; si è presto parlato e scritto di una «Resistenza tradita» o di una rivoluzione interrotta.

Sin dall'inizio dunque la data del 25 aprile non è stata una ricorrenza dai significati scontati e pacifici. Ma oggi la domanda sulla opportunità di celebrare ancora quella data viene posta con più insistenza. Gli eventi del passato non sono un dato inerte ed immobile: acquistano diversa risonanza e diversi significati a seconda del punto di vista di chi li affronta come studioso di storia o più semplicemente di chi li ricorda, li ripensa o li legge. Il passato non si può pensare e valutare se non in rapporto con il presente, con i problemi dell'oggi.

Ebbene proprio i problemi di oggi possono dare l'impressione che il ciclo storico entro il quale si colloca anche il 25 aprile sia ormai chiuso definitivamente. Una formula che è stata ripetuta all'infinito, vera ma alla fine rituale e logora, è stata quella della Repubblica nata dalla Resistenza. Ma oggi, appunto, non si parla di «seconda repubblica», dopo il crollo della prima sotto il peso delle sue contraddizioni, della partitocrazia e di tangentopoli? Si può sostenere che una ipotetica seconda repubblica abbia bisogno di rifarsi ancora alla eredità ideale della Resistenza? O, viceversa non è la formula stessa della seconda repubblica che deve essere contestata e rifiutata perché priva di fondamento e antistorica, per riaffermare e far rivivere la continuità fra Resistenza e Repubblica italiana?

Le risposte che queste pagine propongono a tali domande non vogliono essere un atto di fede o una scelta del sentimento.

Chi scrive queste pagine non ha «fatto» la Resistenza; non aveva ancora diciassette anni quando nella Roma occupata dai tedeschi cominciò a frequentare l'ultimo anno di liceo; la sua classe non era stata chiamata alle armi dal governo di Salò; ma ricorda il dilemma tormentoso dei compagni poco più grandi di lui di fronte alla scelta se accettare o meno la chiamata alle armi: quasi nessuno accettò. Ricorda come un incubo i lunghi mesi della occupazione tedesca: le «retate» delle SS per raccogliere braccia da inviare nei campi di lavoro; le speranze e le delusioni dopo lo sbarco alleato ad Anzio; le notizie incerte e angosciose sulla irruzione nel Ghetto, sulla strage delle Fosse Ardeatine. Ricorda con emozione la scoperta della stampa clandestina antifascista che circolava nella scuola; la curiosità, la passione nel leggere, finalmente, cose diverse da quelle proposte dalla stampa ufficiale; il gusto proibito di raccogliere quella stampa, passarla ad altri, discuterla. Ricorda le privazioni, la fame, e infine quell'indimenticabile 4 giugno, dell'arrivo degli alleati; l'esplosione di gioia di una intera città.

Chi scrive dunque ha partecipato emotivamente e idealmente a quel clima e rimane convinto, come cercherà di spiegare, che il 25 aprile sia una data decisiva per la storia italiana, da ricordare e anzi da riproporre agli italiani per alimentare in essi il sentimento di una cittadinanza democratica e di una identità nazionale; ma è anche convinto che questo sia possibile solo in una visione capace di coinvolgere tutti gli italiani, nel quadro cioè di una «storia comune» da riscoprire e valorizzare. Non c'è nulla di irenico nell'idea di una storia comune: in essa i contrasti non sono per nulla posti in ombra ma anzi approfonditi e colti nelle loro diverse «ragioni». La storia comune è l'antidoto alla mentalità del «processo al passato» che può imbarbarire il quadro culturale e politico della convivenza: nel processo chi giudica è fuori dell'evento; nella storia tutti sono partecipi e in diversa misura corresponsabili. La storia comune non è altro che la coscienza di una corresponsabilità.

Perché la data conservi, anzi acquisti questo significato, di momento fondativo di cittadinanza democratica e di identità nazionale, occorre dunque superare visioni mitiche e puramente celebrative, occorre liberarsi da interpretazioni ispirate ad interessi di parte, rimettere in discussione ogni uso politico che del 25 aprile è stato fatto; occorre una spregiudicata opera di demolizione per far riemergere gli elementi più profondi e duraturi di quella esperienza.

Notes

1 German military police.
2 The headquarters of the Piedmontese telephone company.
3 The EIAR was the state radio company.
4 The 'harvest' or realisation of a dream. This is an incorrect quotation from the French poet Mallarmé. It should be 'la cueillaison d'un rêve'. But given the circumstances under which Gobetti was writing, we can forgive her this error.
5 Gobbi is here quoting from Luigi Longo's book, *Un popolo alla macchia* (Milan, Mondadori, 1952).
6 One of the largest of the FIAT factories, its workers were noted for their militancy.

Vocabulary

Two or more translations are given if a word appears in the extracts with two or more different meanings, e.g. 'avanguardia'. Sometimes, however, a word has two or more translations simply to help the reader to understand the exact meaning, e.g. 'abbaglio'. Gender is indicated when not obvious; part of speech is indicated when more than one is possible.

abbaglio dazzle, flash
abbandonare to abandon
abbassarsi to fall
abbattere to shoot, to defeat
abbinare to couple, to combine
abbottonato buttoned
abbrancare to clutch, to grab
abbronzare to tan
abitualmente usually
abitudine (*f*) habit
abnegazione (*f*) self-denial
abolire to abolish
accaldato overheated
accampamento camp, encampment
accanito relentless, implacable
accasciarsi to collapse, to sink to the ground
accatastato piled up, stacked up
accavallare to cross one's legs
accecare to blind
accennare to signal
accenno sign
accentuare to heighten, to emphasise
accertarsi to verify
accesso access
accezione (*f*) meaning
accingersi to prepare oneself
accogliere to give hospitality to
accomodarsi to settle down, to sit down
accompagnare to accompany, to go with
accontentarsi to be satisfied
accorciare to cut off
accordarsi to come to an agreement with
accordo agreement
accorgersi to notice

accorrere to come running
accovacciato crouched
accrescersi to grow, to increase
accusa accusation
accusare to accuse
acquazzone (*m*) heavy shower, downpour
acquiescenza acquiescence, acceptance
acquisizione (*f*) acquisition
acquistarsi to gain
adagiarsi to place oneself carefully
adagio slowly
adatto suitable
addentare to bite into, to grip hold of
addestramento training
additare to point at
addolorare to sadden
addome (*m*) abdomen
addossato placed against
aderire to adhere to, to support
adiacenze (*f, pl*) vicinity
adipe (*m*) fatness
adoperare to use
adorno adorned with, decked
adottare to adopt
adunata gathering, assembly
affacciarsi appearance
affare (*m*) business, task
affascinato fascinated
afferrare to grasp, to grab
affetto affection
affiancarsi to move beside
affidamento promise
affiorato touched on, dealt with
affissione (*f*) posting up, sticking up
afflosciarsi to fall down

affollamento gathering, crowding
affondato buried
affrontare to face up to, to confront
agente (*m*) agent, active
agevolare to facilitate, to aid
aggiornato updated
aggiungere to add
aggiustare to repair, to fix, to kill
aggiustarsi to sort oneself out
aggobbito hunched over
aggrapparsi a to seize
aggregare to associate, to admit as new member
agguerrito well-trained, tough
agio ease, comfort
agiografia hagiography, sanctification
agitato agitated
agitatorio propagandistic, provocatory
agrario (*adj, n*) agrarian land-owner
agro sharp, bitter
aguzzino jailer
aia threshing floor
albagia arrogance
alimentare (*v*) to nourish
allargarsi to spread
alleanza alliance
alleato (*n*) ally
alleggerito lightened
allenato trained
allentare to slow down
allettamento allurement, enticement
allievo pupil
allineato lined up
allungare to lengthen, to stretch
alpino Alpine soldier
altipiano plateau
ambiente (*m*) surroundings, environment
ambiguo ambiguous, unclear
ambito (*n*) scope, limits
ambulante itinerant
amichevole friendly
ammassamento massing, gathering
ammattonato brick pavement
ammazzare to kill
ammirevole admirable
ammucchiarsi to crowd together
ampiamente widely, extensively
analiticamente analytically
analizzare to test, to analyse

analogamente likewise, similar to
anatomia anatomy
andar di corpo to go to the loo
anestesia anaesthesia
angoscia anguish
angustia anguish
angusto narrow
animato animated, spurred on
animatrice (*f*) animator, leading spirit
annegato drowned
annerito blackened
annichilimento annihilation
annidare to nest
annotare to note down
annusare to sniff, to smell
ansa bend
ansia anxiety
anteriore front (*adj*)
anticipare to put forward, to anticipate
antistorico antihistorical
anziano (*adj, n*) elderly, aged person
anzidetto above-mentioned
ape (*f*) bee
apparato apparatus, array
appariscente showy, gaudy
appartato to one side
appartenente belonging to
appassionatamente passionately, ardently
appello appeal
Appennino Apennine
appesantito weighed down
appiattire to level out
appoggiato leaning against
apporto contribution
apprezzare to value
approfittare to take advantage
approfondito examined closely
aquila eagle
arbusto shrub
arco arch
ardesia slate
argine (*m*) embankment, bank
argomentazione (*f*) argument
arido dry, arid
armata army
armatella little army
armistizio armistice
arrampicarsi to climb
arrecare to bring

arrendersi to surrender
arricciare to curl
arrossire to blush
arruffato ruffled
arruolamento enlistment
arso burnt
artificiere (m) gun artificer
ascella armpit
asciugare to dry, to wipe
asfalto tarmac
asinello donkey, ass
aspettativa expectation
aspirazione (f) hope, aspiration
asportare to remove
asprezza difficulty, harshness
assalito attacked
assalto assault, attack
assassino killer
assegnato assigned, allotted
assestare to deal
assetto order
assieme together
assimilare to absorb, to assimilate
associare to associate
assoggettarsi to submit
assolvere to absolve
assomigliare to resemble
assorbito swallowed up
assordante deafening
assumere to take on, to assume
astenersi to abstain, to refrain
asticciola cleaning rod
atrocità atrocity
attaccare to attack
attardarsi to linger
atteggiamento attitude
attendente (m) orderly
attento attentive
attenuato lessened, mitigated
attestato (adj) attested to, documented
attimo moment
attirato attracted
attivista (m/f) activist
attorno around
attraversare to cross, to pass through
attraverso across, by means of
attrezzarsi to get ready, to prepare for
attrezzatura equipment
attribuire to attribute, to accord
attuale present, current

attuare to carry out
attutire to deaden, to break (a fall)
audacia boldness, daring
augurabile desirable
augurarsi to hope
aumentare to increase
ausiliari (mpl) auxiliary troops
auspicare to wish
autiere (m) driver
autoblinda armoured car
autoctono autochthonous (originating in
    Italy)
automezzo motor vehicle
avallo endorsement, backing
avana (adj) Havana-brown, tawny
avanguardia avant-garde, advance
    guard
avanzare to advance, to go forward
avanzata advance (military)
avanzato (adj) late
avaro (adj) lacking
aviazione (f) air force
avvalersi to make use of
avvelenare to poison
avvenimento event
avvenire (v) to take place, to happen
avvenire (m) future
avversario enemy
avvertire to realise
avviarsi to set off, to start out
avvicinare to bring near
avvicinarsi to approach
avvilente humiliating
avviluppare to envelop
avvincente fascinating
avvio start
avvisare to warn
avvistare to catch sight of
azzardare to risk

badare to be careful
baffi (m, pl) moustache
bagascetta whore
bagliore (m) flash
baionetta bayonet
balbettare to babble like a child
balcanico Balkan
baldanza self-confidence, daring
baldoria revelry
baleno flash

ballatoio terrace, gallery
balle (*f, pl*) lies, balls (in the vulgar sense)
balza crag, cliff
bambolone (*m*) doll, dummy
banchina platform
banda band, company
bandiera flag
bando (military) proclamation
barattolo tin
barbaro barbaric
barcollare to reel, to stagger
barricata barricade
baruffa scuffle
base (*f*) basis
bastare to be enough, to be sufficient
batosta blow
battuto (*adj*) struck
battuto (*n*) **di terra** floor made of earth
bava slaver, dribble
bellico (*adj*) war, military
benedetto blessed
benedire to bless
beneficiare beneficiary
bensì but, rather
benzina petrol
bergamasco from Bergamo
bersagliere (*m*) type of Italian soldier
bestemmia curse
bestialmente like a beast
bestiame (*m*) livestock
bettola dive, dump
biancheria linen
bibliotecaria librarian
bigliettaio ticket-collector
bilancio budget
bilingue bilingual (document in German and Italian)
binario platform
binocolo binoculars
bisbigliare to whisper
bislungo oblong
bivacco bivouac
bivio fork in road, crossroads
bizza tantrum
blusa blouse
boccata mouthful
boccia (*dial*) boy
boccone (*m*) mouthful
bollente boiling

borghese middle-class
borgo village
borro gully
borsanerista (*m/f*) black-marketeer
botta blow
bottega shop
braccare to hunt
(a) braccetto arm in arm
bracciale (*m*) armlet
brace (*f*) embers
brachetta trouser flap
branda camp bed
bresciano area around Brescia
bricco (*dial*) hill
brigata brigade
brigatista fascist soldier
brivido shiver
brontolare to complain, to moan
bruciare to burn
brullo barren
brusio hum, buzz
brutalmente brutally
bruttare to soil, to sully
bucherellino little hole
budello tube
bufera (di vento) gale
buffo funny
buio darkness
buoi (*sing* **bue**) oxen
burla prank, joke
burlone (*m*) practical joker
buttare to throw

caccia hunting
cacciare to hunt out, to stuff into
cadavere (*m*) body, corpse
cadere to fall
cagionevole delicate
cagna bitch, she-dog
calanco eroded area of land, calanque
(alle) calcagna on the heels of, following closely
calesse (*m*) gig
camerata (*m*) comrade
camiciola vest, undershirt
camino chimney
camionetta jeep
campagnolo (*adj*) country
campanello bell
campanile (*m*) bell-tower**

camposanto graveyard
camuffato camouflaged
canaglia swine, bastard
canavesana the railway line to Canavese
canna barrel of rifle, cross-bar
canneto thicket
cannocchiale (*m*) telescope
cantina basement
cantonata street-corner
cantoria choir
canzonare to make fun of
capacitarsi to understand
capannone (*m*) goods shed
capitare to happen
capitolardo person who gives up
capitolare to capitulate, to give up
capobanda (*m*) leader
(fare) capolino to peep
caponucleo leader of small group
caporale (*m*) lance-corporal
caporalmaggiore (*m*) corporal
capovolgere to reverse, to change completely
capriccio whim
captato understood
carezza caress
carica post, job, explosive charge
caricatore (*m*) cartridge clip
carico (*adj, n*) loaded, load
carnaio slaughter, carnage
carnefice (*m*) executioner
carogna swine, bastard
carotide (*f*) carotid artery
carponi on all fours
carrettino barrow
carriola wheel-barrow
carrista (*m*) tank-driver
cartello sign
cartuccia cartridge
(a) casaccio randomly
casalinga housewife
cascina farmhouse
casco helmet
caserma barracks
casigliano neighbour
casino brothel
cassone (*m*) large box, container
castagna chestnut
catasta pile

catino basin
cautela caution
cavalleggero cavalryman
cavalleria cavalry
cavare to pull out
cecchino sniper
celeste sky-blue
cenno sign, gesture
cespuglio bush
ceto class
chiacchierata chat
chiarore (*m*) dim light
chiave (*f*) key
chierico cleric
chinarsi to bend down
chiunque whoever
ciancia idle talk, chat
ciarlare to chat
ciclo cycle
ciglio brow of hill
cilindretto cylinder
ciminiera chimney, smokestack
cinturone (*m*) holster-belt
ciottolo stone, pebble
circolare (*f*) circular, bulletin
circondare to surround
circonvallazione (*f*) ring-road
circoscritto restricted
citare to quote
cittadella citadel, stronghold
cittadinanza nationality, citizenship
ciuffo clump
(fare la) civetta to flirt
clamoroso sensational
clandestino (*adj*) secret, underground
coadiutore (*m*) assistant
cobelligerante (*m*) military ally
cocciuto stubborn
cocente acute, burning
coetanei contemporaries
coevo from the same period
cognitivo of/relating to perception
coinvolgere to involve
colabrodo colander
colare to drip
collana collar
collegamento connection, liaison
collera anger
collocare to place, to locate
colloquio interview

colmare to fill a gap
colonna column
colto cultured, educated
combattere to fight
combinare (di tutti i colori) to create problems
combinazione (*f*) (chemical) combination
comitato committee
comizio meeting, assembly
commettere to commit
commosso moved, touched
commozione (*f*) emotion
comodo comfortable
compaesano fellow-villager
compagno comrade
compatto compact
(in) compenso (di) in exchange for
competere to be up to, to be the duty of
compiere to carry out
compito duty, task
complessivo total
comporre to compose, to put together
composto composed, made up of
comprensivo understanding
compunto solemn
comunque however
(campo di)
    concentramento concentration (camp)
concettuoso full of ideas, meaty
concezione (*f*) conception, idea
conciliare to reconcile
concordare to agree on
concorso gathering, participation
concreto real, solid
condanna sentence, judgement
condensato condensed, concentrated
condizionato conditioned
condotta conduct, behaviour
conducente (*m*) driver
condurre to lead to, to carry out
confermare to confirm, to corroborate
confessionale committed, confirmed (fascist)
confezionare to make up
confronto comparison
congedo period of leave
congegno mechanism
congiungere to join together

coniugi married couple
connotato characteristic feature
consapevolezza awareness, consciousness
conscio di aware of, conscious of
consegnare to hand over
consenso consensus, agreement
consenziente agreeing (politically)
conserva preserve (food)
(di) conserva together
conservare to keep, to maintain
conservatore conservative
consiliarista of/relating to factory councils
constatare to notice, to observe
consueto familiar
contadino peasant
conteggio count, calculation
contegno behaviour
contestazione (*f*) opposition
contestualizzare to put into context
contiguo a next to, adjacent to
contorno outline, contour
contraddizione (*f*) contradiction
contraereo anti-aircraft
contrasto conflict, difference of opinion
controprova counter-evidence
controverso controversial
convalidare to ratify, to corroborate
convenuto agreed, stipulated
convergere to converge, to meet together
conversione (*f*) (political) conversion
convivenza living together, co-operation
convoglio convoy
convulsivamente shaking violently
copertone (*m*) tyre
cordiale friendly
cornacchia crow
corollario natural consequence, result
corporatura size, physique
correlazione (*f*) correlation
corresponsabile jointly responsible
corrispondere to correspond, to agree with
corroborante strengthening, fortifying
corrotto corrupted
corrugare la fronte to knit one's brows

corteo procession
cortile (*m*) courtyard
corvo crow
coscia thigh
cosciente conscious, aware
cosiddetto so-called
cospargere to sprinkle with
cospiratore (*m*) conspirator
cospirazione (*f*) conspiracy, subversion
costola rib
costretto a obliged to
covare to brood over
crepare to die, to crack
crepitare to crack out (gunfire)
cresta crest, ridge
cricca gang
crocicchio cross-roads
crociera cruise
crollo collapse
cromosoma (*m*) cromosome
crudeltà cruelty
cruento bloody
cullare to cherish
culminare to come to an end, to
    culminate
culo arse, bum
cunicolo narrow underground passage
cuoio leather

dannato (*n*) swine, bastard
dannoso harmful
danubiano Danubian
dapprima at first
davvero really, in reality
dazio duty, levy, tax
debole weak
decennio decade
decimazione (*f*) decimation, near-
    destruction
deduzione (*f*) deduction, inference
deferente deferential
defezione (*f*) defection, desertion
defluire to flow out
deforme deformed, mis-shapen
degenerazione (*f*) degeneration, decline
deglutire to swallow
degno worthy
delega authority to act for others
delegazione (*f*) delegation
delinearsi to emerge, to take shape

delinquente (*m/f*) criminal
delusione (*f*) disappointment
denegatore denying
desiderio desire, wish
desistere to desist, to give up
desolazione (*f*) desolation, devastation
despota (*m*) despot
detentore (*m*) holder
detenuto prisoner
dettato da dictated by
diagnosi (*f*) diagnosis
dialetto dialect
dichiarare to declare
dicotomia split, division
difesa defence
differenziazione (*f*) small difference,
    divergence
diffidenza distrust, suspicion
diffuso widespread
digerire to swallow, to accept
dignitoso dignified
dimessamente shabbily
dinanzi in front of
dintorni (*mpl*) environs
diradarsi to become less frequent
direttiva directive, instruction
dirigente (*adj*) ruling, leading
dirigere to direct
dirimpetto opposite
diroccato delapidated, in ruins
dirottare to change the direction of
dirotto heavy (rain)
dirugginirsi to free itself of rust
dirupo precipice, crag
disagio discomfort
discinto barely dressed
disconoscimento failure to take
    cognizance of
disfacimento decomposition, falling
    apart
disfatta defeat
disfattismo defeatism
disfattista (*m/f*) defeatist
disgelare to thaw
disgraziato wretch, wretched
disgregatore encouraging break down
disgregazione (*f*) break-up, break down
disgusto disgust
disinnescare to defuse
disintonia disagreement

disinvoltura casualness, ease
(a) dismisura excessively
(pari e) dispari heads or tails
(in)disparte to one side
dispendio expense, waste
disperare to make someone despair
disperdersi to disperse, to scatter
disperso missing
(a) dispetto (di) in spite of
dispiegamento spreading, deployment of troops
disponibile available
disporre to arrange
disporsi to arrange oneself
(a) disposizione available
dispregio waste
dissanguare to bleed dry
dissidente (*adj, n*) dissenting, non-conformist
dissimulato disguised, concealed
dissiparsi to vanish
dissolto dissolved, disintegrated
dissolvere to dissipate
dissonanza discord
dissuadere to deter
distaccamento detachment
distacco disjunction
distanziato spaced out
distensione (*f*) relaxation
disteso stretched out
distintivo badge
distinzione (*f*) distinction, difference
distogliere to turn away
divergenza difference, divergence
divisa uniform
divulgare to make known
donnina pretty woman
dopodiché after
doppietta double-barrelled shotgun
dotato equipped with
dovunque everywhere
drizzarsi to stretch out
duraturo lasting

ebbro drunk
ebreo Jew, Jewish
echeggiare to echo
efferatezza atrocity
efferato brutal, cruel
effettuare to carry out

egemonia supremacy, domination
elenco list
elogio praise
eludere to avoid, to elude
emanare to send out
emerso emerged
empito impulse, surge
encomiabile praiseworthy
entità extent, size
entrambi both
eppure however
equanime impartial
equilibrio balance
equipaggiamento equipment
erede (*m/f*) heir
eredità inheritance
ergersi to rise up
ermeneutico interpretative
eroso eroded
errato mistaken
(all')erta alert
esaltarsi to be thrilled
esaurimento using up of
esausto exhausted, worn out
eseguire to carry out, to go ahead
esercitare to practise, to train
esercito army
esigenza need, necessity
esiguo meagre, slight
esito outcome, result
esonerare da to excuse from
esortazione (*f*) heartfelt request
esponente (*m/f*) representative, spokesperson
esporre to explain
esposto statement, account
estensore (*m*) compiler, author
estenuante exhausting
estirpare to root, to wipe out
estraneo outside
estrarre to pull out
eversivo subversive, revolutionary

fabbrica factory
fachiro fakir
fallimento failure
falò bonfire
fanghiglia mire, mud
fango mud
fantasma (*m*) ghost

fante (*m*) foot-soldier
farina flour
fasciare to bandage
fascino attraction
fascio bundle
fastidio trouble
fattezze (*f, pl*) features
fazione (*f*) faction
fazzoletto handkerchief
febbre (*f*) fever
fecondo fruitful
fegato liver
feld-gendarmerie (*German*) military
    police
ferito injured (person)
ferreo iron (*adj*)
fervore (*m*) eagerness, fervour
fesseria foolishness
fesso idiot, fool
fessura crack
fiacco weak
fiato breath
ficcare to stick into
fienile (*m*) barn
fifa fear
fingere, fare finta to pretend
fioco faint, dim
fiotto gush
fischiare to whistle
fisso permanent
fitto thickly
folle crazy
(in) folle in neutral
foraggio fodder
forare to puncture
forca pitchfork
fornire to provide
forra ditch, ravine
forsennato madman
fossa grave
(farsi) fottere to get oneself screwed
fracassare to smash
fracasso din
fraintendimento misunderstanding
franare to crash down
franchismo support for General Franco
frangente (*m*) difficult moment
frantumare to break into pieces
frastagliarsi to become jagged/indented
frastuono din

fratellanza brotherhood
frattanto meanwhile
fregarsene not to give a damn
fregiato adorned with
fremere to tremble, to quiver
frenesia frenzy
freno check, restraint
friabile crumbly
friggere to fry
frustino whip
fuga flight, escape
fuggire to flee
fulmineo rapid, swift
fumele (*dial*) women
funesto deadly, fatal
furibondo furious, enraged
fustagno fustian, rough cotton material
fustigare to whip, to flog

gaggia cassia tree
galleggiare to float
galloni (*m, pl*) (military) stripes
garitta sentry-box
gavetta mess tin
gemito groan of pain
geniere (*m*) sapper
gerarca high official
gerarchia hierarchy
gestore (*m*) manager
ghermire to grab, to clutch
ghiaia gravel
ginestra broom (plant)
giovare to be useful to
giovinezza youth
girovago wanderer, vagrant
giulivo joyful
giungere a to reach, to get to
giuntura joint
giurare to swear on
gobba mound
goccia drop
godersi to enjoy
gola throat
gomitata blow with the elbow
gonfio swollen
gracchiare croaking
graduatoria classification list
granello grain
gravare to burden, to weigh down
greto shore

189

gretto narrow-minded
greve heavy
grezzo raw, crude
grondare to drip down
(fare) groppo to bring a lump to the throat, to upset
grugnire to grunt
guaio trouble
guaire to whine
gualdrappa saddlecloth
guantone (*m*) boxing glove
guarnigione (*f*) garrison
guastare to damage, to ruin
guinzaglio leash, lead
Gurgel (*German*) throat

iena hyena, cruel person
ignoto unknown person
imballaggio packaging, 'enclosed area'
imbarbarire barbarise
imbattersi to come across
imboccatura opening
imbrattato blood-stained
immutabile unchangeable
impaccare to parcel up
impacciato awkward, embarrassed
impaniato entangled, caught in
impari unequal, uneven
impavido undaunted
impazzire to go mad
impedire to prevent
impegnarsi to commit oneself
impegno commitment
impennamento sudden movement
impiccagione (*f*) hanging
impietrito turned to stone
impiombare to seal (railway carriage)
implorare to beg
imponente imposing
impostazione (*f*) approach, style
imprecare to curse
impregnare to impregnate
impressionante striking
imprevedibilità unpredictability
improperio insult
improvvisamente unexpectedly
impunemente with impunity
imputato accused, defendant
inarcare to bend, to arch
inatteso unexpected

inavvertitamente unexpectedly
incallito hardened
incanto charm, spell
incaricato entrusted with
incarnare to embody
incartare to wrap up
incedere to advance
incendiario incendiary
inceppato jammed
incerto uncertain
inchinarsi to bend down
inchiodare to nail
inchiodato a tied down to, obliged to
inchiostrare to ink
inciampo obstacle
incidere su to cut into, to have an effect on
incline prone to
inconciliabile irreconcilable
inconfondibile unmistakable
incredulità disbelief
incrementare to increase, to add to
incrociarsi criss-crossing
incrocio cross-roads
incubo nightmare
incurante heedless
incursione (*f*) raid
indescrivibile indescribable
indicibile inexpressible
indietreggiare to go backwards
indossare to wear
indumenti (*m, pl*) clothes
ineccepibile beyond criticism
inerte inert, motionless
inesistente non-existent
inespiabile inexpiable
inestimabile priceless
infallibile unerring
infaustamente inauspiciously, unhappily
inferire to inflict
inferriata iron railings
infiacchirsi to weaken oneself
infierire to rage
infilare to insert, to go down a street
infilarsi to slip on
inflessibilmente without yielding
inforcare to get on a bicycle
infradiciare to soak
infranto crushed, shattered

ingannarsi to be mistaken
inghiottire to swallow
ingiunzione (*f*) order
ingollare to swallow
ingorgo blockage, jamming
ingrandirsi to grow bigger
innocuo harmless
inopinato unexpected
inquilino/a tenant
inquinare to poison
insalutato ungreeted
insanguinare to stain with blood
insorgenza uprising, (partisan) activity
insospettato unsuspected
insostituibile irreplaceable
integralmente wholly
intendere to mean
interlocutore (*m*) speaker
intervenire to intervene, to interfere
intralciarsi to get snarled up
intravvisto glimpsed
intrecciarsi to intertwine, to intersect
intuire to sense
inumanità inhumanity
inzuppato soaked
ipotetico hypothetical
irenico conciliatory
irragionevole irrational
irrequieto restless
irrespirabile unbreathable
irrigidirsi harshening
irruzione (*f*) invasion
iscrizione (*f*) inscription
isolato isolated, on one's own
ispirato inspired
istituire to set up, to establish

lacerare to rip, to tear, to pull apart
ladruncolo petty thief
lama blade
lamentarsi to moan, to groan
lamierino sheet of metal
lampo flash
lancio act of throwing, supplies drop
latente latent, hidden
latrare to bark
lealista (*m/f*) loyalist
lealtà loyalty
legare to tie
legittimista legitimist, monarchist

lena vigour
letamaio manure-heap
lettiera bedding, litter
leva draft, call up, conscription
(di) leva liable for military service
(far) leva su to appeal to
levantino inhabitant of the Levant
liceità lawfulness
(in) loco in place
lodare to praise
logoro worn out
losco suspicious, underhand
lotta struggle, fight
lottizzazione (*f*) division of power
lubrificante (*m*) lubricant
luccicare glistening
lucertolone (*m*) lizard
lusinga allurement
lusinghiero gratifying
lustro (*adj*) shining
lutto bereavement, loss

macchia stain, underground, clandestinely
macigno stone
macinare to grind
madosca (*dial*) crikey
maestranze (*f, pl*) workers
malcerto uncertain
maldisposto ill-disposed
maledire to curse
(a)malincuore reluctantly
malvolentieri unwillingly
manifestino leaflet
manifesto (*adj*) open
manifesto (*n*) poster
manodopera workers
mansione (*f*) duty
manubrio handlebars
manutenzione (*f*) maintenance
marciapiede (*m*) pavement
marcire to rot
margine (*m*) edge
marmocchio kid, brat
martellare to hammer
martoriato tortured
massaia housewife
massimalismo maximalism
masticare to chew
matricola registration number

mediante by using, by means of
menare to hit, to strike
mercanzia goods
mercé mercy
merdino, merdoncino little shit
mescolarsi to mix
mestiere (*m*) job, trade
metamorfosi metamorphosis
metastorico outside of/away from
  history
miccia fuse
militante militant, active
milza spleen
minacciare to threaten
mira aim
miraggio mirage
mischiato mixed up
miscredente (*m/f*) unbeliever
mite mild
mito myth
mitra tommy gun
mitragliatore (*m*) sub-machine-gun
mitragliatrice (*f*) machine-gun
mitteleuropeo Central European
mnemonico mnemonic, aiding memory
mollare to give up
molle soft
montanaro mountain dweller
mordere to bite, to chew
mortaretto firework
moscato sweet wine
moschettata musket-shot
moschetto musket
mozzo (*adj*) mutilated
mucca cow
mucchio pile
mugolare to whine
mutamento change
mutande(*f, pl*) underpants

naia army life, military service
nascondiglio hiding place
neozelandese New Zealander
nettarsi to clean oneself
netto clear-cut
nicchia niche
nido nest
nitrito neigh
noccioleto hazel-nut grove
nonostante despite

nuca nape of neck, back of head
nucleo small group
nutrirsi di to feed on
nuvoletta small cloud

odiare to hate
odorare to smell
offeso offended, insulted
oltretanaro on other side of Tanaro
  river
ombra shadow
ometto little man
ondata wave
onnipotenza absolute power
operaio worker
opprimente oppressive
orgoglio pride
orifizio opening
orina urine
orlo rim, edge
ortodosso orthodox
ottemperare to comply with
ottica point of view
otturatore (*m*) rifle-bolt
ozio period of leisure

padella frying pan
paglia straw
pagliaccio clown
palcoscenico stage
palese clear
palestra training ground
paletò overcoat
palingenesi (*f*) rebirth
avere il pallino di to be crazy about
pallottola bullet
palo pole, post
panciaterra on his belly
pantofola slipper
Panzerfaust kind of bazooka
parabellum rifle
parabrezza (*m*) windscreen
paracarro kerbstone
paragone (*m*) comparison
parametro parameter
paria (*m*) pariah
paritario equal
parossismo fit, attack
parteggiare to take sides
partigianato partisanship

partitico party (*adj*)
partitocrazia party power, partyism
pascolo grazing, pasture
passamontagna (*m*) balaclava
patimento suffering, pain
(a) patto (che) on condition that
pece (*f*) pitch
pelato bald
pellegrinaggio pilgrimage
pendio slope
pennello paint-brush
pentola saucepan
penuria poverty
perbacco crikey
perfino even
(carta) pergamenata parchment paper
perimetrale outer, external
perlustrare to reconnoitre
perquisizione (*f*) search
pertanto therefore
pestare to strike
peste (*f*) plague
piaga sore, worst part
pianificazione (*f*) planning
piantala! shut up!
piantare to give up
pianura plain
picchiarsi to beat one's chest
pigliare to pick up, to take
piombo lead, bullet
pipistrello bat
pisciarsi addosso to wet oneself
pitocchio wretch
placare to placate, to soothe
plebe (*f*) riff-raff
(consenso) plebiscitario general
    agreement
pletorico excessive
poggiato su resting on
pollice (*m*) thumb
polpastrello finger-tip
polso wrist
polso fermo steady hand
polvere (*f*) dust
portinaia doorkeeper, concierge
posta (in gioco) what is at stake
postazione position
posteriore rear
potentissimo very powerful
poveraccio poor devil

pozzanghera puddle
prassi (*f*) praxis
precipitarsi to rush down
precisare to specify
(essere in) preda a to be gripped by
predella footboard
predica sermon
prelevamento taking, capturing
premura solicitude
premuto pressed
presidiare to garrison
presidio garrison
pressione (*f*) pressure
prestabilito pre-arranged
prevedere to predict
primato record
primogenito first-born
prismatico prismatic
privarsi di to deny oneself
processo process, trial
proclive a inclined to
procurare to obtain
prodigarsi to do all one can
proficuo profitable
proiettile (*m*) bullet
prontuario handbook, manual
prospiciente overlooking
protettorato protectorate
protrarsi to prolong
provenienza origin
provvisto di furnished with, armed
    with
pugnalata stab (in the back)
pulviscolo fine dust
puntato aimed
puttana whore

quadrare to balance (budget)
quantomeno at least
questore (*m*) local police chief

rabbrividente terrifying
raccattare to pick up
racimolare to scrape together
racquattarsi to crouch
raffica burst of gunfire
raggricciato hunched
raggrinzirsi to wrinkle up
raggruppare to group together
rammarico regret

193

rantolare to gasp, to wheeze
rappresaglia reprisal
rastrellamento mopping up operation, search
rastrellatore (*m*) person who carries out a search
rauco hoarse
reciso cut
reclutamento recruitment
recupero recovery
redimersi to redeem oneself from
reduce (*m*) returned soldier
(alle) reni in the back
renitente (*m*) draft dodger
reparto unit, detachment
mettere a repentaglio to put into danger
requisire to requisition
retata round-up
retroguardia rear-guard
rettitudine (*f*) uprightness
ribrezzo disgust, loathing
ricordo-base key memory
ridestare to reawaken
riferimento reference
riformatore reforming
rifornimento supply
rifugiato person in hiding
rigare to run down (tears)
rigare dritto to straighten oneself out
(camion con) rimorchio tow truck
rincasare to go home
rincrescere to be sorry
rinculare to draw back
ringhiare growling, to growl
rintracciare to track down
ripa steep bank
riparare to take refuge
ripiombare to plunge
riscatto redemption
risiera rice mill, rice factory
rittano gulley
riva bank
riverbero reflection
riversarsi su to pour onto
ronda patrol
rosario di series of, succession of
roteare to rotate, to turn
rotolare to roll down
rovente burning

rovistare to search thoroughly
rullo roller
ruscello stream

sabaudo of the house of Savoy
saccente presumptuous, smart-aleck
saccheggio sacking, looting
salice (*m*) willow
sambuco elder tree
sanguinoso bloody
sbalzo jerk, jolt, bound
sbandato scattered, disbanded
sbarco landing
sbarrare to block
sbarrare gli occhi to open one's eyes wide
sbarrato wide-open
sbatacchiare to crash into
sbiancato faded
(di) sbieco sideways, sidelong
sbirciare to squint at
sboccare in to open to, to lead to
sbocco outlet, result
(a) sboffi with puff sleeves
sbrigativo brief, brusque
sbucciare to scrape, to graze
sbuffare to snort
scacciare to drive away
scaglia splinter
scannare to slaughter
scaricare to fire
scarno bare
scatenare to provoke, to unleash
scattare to move rapidly, to jerk
scavalcare to climb over
scavallare to uncross (legs)
scavare to dig
scheggiarsi to chip, to splinter
schiacciante crushing
schiaffeggiare to slap
schiamazzare to make a racket
schienale (*m*) back (of a chair)
schieramento formation (of troops)
schietto pure, sincere
schifo disgust
scialbo dull
sciame (*m*) swarm
sciocchina stupid woman
sciopero strike
sciorinare to put out to dry

sciovinistico chauvinist
sciupio waste
scodella bowl
scompostamente in an unseemly fashion
sconcertante disconcerting
sconnesso disconnected, illogical
sconquassato ramshackle, broken-down
scorciatoia short-cut
scorta supply, stock
scosceso steep
scricchiolante crunching
scrollare le spalle shrug one's shoulders
scrosciante pouring, roaring
scrostato chipped
scudiscio whip
seccatore (m) nuisance, pain
segare to saw
sella saddle
sepolto buried
sequela series
serbare to keep to one side
serbatoio petrol tank
serpe (f) snake
serrarsi to close around
sevizia torture
sfacelo decay, ruin
sfascio collapse
sferragliare to clatter, to clang
sferrare to launch an attack
sfogarsi to let steam off
sfollato evacuee
sfracellarsi to smash oneself
sfruttamento exploitation
sfruttare to make use of
sganciarsi to disengage
sgombrare to clear away
sgorgare to flow, to gush
sgranato opened wide
sgravarsi to relieve oneself
siepe (f) bush, hedge
simpatizzante sympathising, supporting
sinistrato damaged
sintomatico typical
slabbrare to open (a wound)
slavina landslide
slegare to untie

slogare to dislocate
smacchiarsi to clear up, to brighten up
smancerie (f, pl) affected manners
smaniare to get agitated
smarrimento confusion
smentire to prove wrong
smisurato excessive, immeasurable
smobilitazione demobilisation
smontare to take apart, to get off a horse
smorfia grimace
smorzato deadened
snodarsi to wind along
soffermarsi to dwell on
sogguardare to glance at
soglia threshold
sollecitare to request urgently
sollevare to lift up
sollievo relief
sommario summary, brief
sommità top
sopraffatto overwhelmed
sopraggiungere to arrive
soprassalto jump, start
sopravvenire to arrive suddenly
sopravvivenza survival
sorveglianza surveillance
sostantivo noun
sostanziarsi to become real
sotterraneo (adj) underground
sottobosco undergrowth
sottrarsi to shrink away from
sovente often
sovrastare to overlook, to overhang
spaccare to break
spaiato odd, not matching
spalancare to throw open
spannocchiare to husk corn
sparare to shoot
sparatoria exchange of fire
sparpagliarsi to scatter oneself
spartiacque (m) watershed, moment of divide
spasimo spasm
(andare a) spasso to go for a stroll
spaventare to frighten
spezzare to break
spianare to flatten
(alla) spicciolata a few at a time
spiegatamente openly

spiritello elf, goblin
spisciolare to piss out
sponda shore
spontaneismo spontaneity
spostare to move
sprecare to waste
spregiudicato unprejudiced, unbiased
sprizzare to spurt
sprofondato sunk, collapsed
sproloquio rambling discourse
spronare to spur one's horse
spumoso foamy
spuntare to appear, to stick out
spunto idea
squagliarsi to melt
squarcio tear
squillare to ring
srotolare to unroll
stabilimento factory
staffetta courier
staffilare to flog
stampatello capital letters
stampigliato stamped, franked
stanare to flush out
stasi (f) standstill
stecco twig
stecchito thin
stendere to hang out
stendersi to stretch oneself out
stentare a to struggle to
sterminio extermination
sterpo twig
stipite (m) jamb (of door)
stivale (m) boot
stoffa material
stordito bewildered
stortura crookedness, twistedness
straccetto rag
straccio rag
strage (f) atrocity, slaughter
stragrande great
strappare to tear
stravolto overcome, disturbed
strazio torment, agony
strido cry
strisciare to crawl
stroncare to cut short
strozzare to strangle
stupefacente astonishing
stupidaggine stupidity

subdolamente (f) deceitfully
succitato above-mentioned
sudicio (n) filth, dirt
superficie (f) surface
superstite (m/f) survivor, surviving
supplice begging, beseeching
svenire to faint
svernare to pass the winter
svignarsela to slip away

tarato tainted
tegame (m) pan
tempestivamente at the right time
temprato toughened
tesserino identity card
teutone Teuton
tirasegno shooting-range
titubante irresolute
tradimento betrayal
tramaglio trammel net
tramandare to hand down
(a)tramontana facing north
tranello trap
trappola trap
trapunto embroidered
trascendere to transcend, to go beyond
trascinare to drag
trascorrere to pass through, to spend
    time
trascurare to neglect
trasmittente (f) transmitter
trastullo amusement
travolgere to sweep away
tregua truce, pause, rest
tremolare to shiver
trepidante anxious
trepido anxious
tressette (m) card-game
trincerarsi to entrench oneself
trucco trick
tufo tufa (rock)
tuono thunder

ubicazione (f) location
ubriaco drunk
(all')uopo in case of necessity

vagheggiare to gaze at admiredly
vagliare to weigh up
varcare to cross

vecio (*dial*) old, senior
vedetta look-out
vendemmiare to harvest grapes
vendicarsi to take revenge
venditore (*m*) **ambulante** pedlar, hawker
venerando venerable
ventennio twenty years (of Fascism)
ventre (*m*) stomach
(di) vertice from the top
vertici leaders
vertigine (*f*) dizziness
(capo di) vestiario (item of) clothing
vettovagliamento provisioning, supplies
viadotto viaduct
vicenda event, occurrence

(a) vicenda reciprocally, in turns
vietare to forbid
vigliacco coward
viltà cowardice
viscerale deep-down, deep-seated
viscido slimy
vitello calf
viuzza alley
volantino leaflet
voltastomaco nausea

zampa paw
zanna tooth
zanzarino pest
zoccolo horseshoe
zolla clump of earth